Découvrez l'histoire par les archives de presse

RETRONEWS

Le site de presse de la BnF

www.retronews.fr

ASSOCIATION LYONNAISE

DES

...IS DES SCIENCES NATURELLES

COMPTE RENDU

DE L'ANNÉE 1874

Séance générale du 14 mars 1875

LYON

H. GEORG, LIBRAIRE-ÉDITEUR

65, RUE DE LYON

MÊME MAISON A GENÈVE ET A BALE

1875

ASSOCIATION LYONNAISE

DES

AMIS DES SCIENCES NATURELLES

COMPTE RENDU DE L'ANNÉE 1874

LYON. — IMPRIMERIE PITRAT AÎNÉ, RUE GENTIL, 4.

ASSOCIATION LYONNAISE

DES

AMIS DES SCIENCES NATURELLES

COMPTE RENDU

DE L'ANNÉE 1874

Séance générale du 14 mars 1875

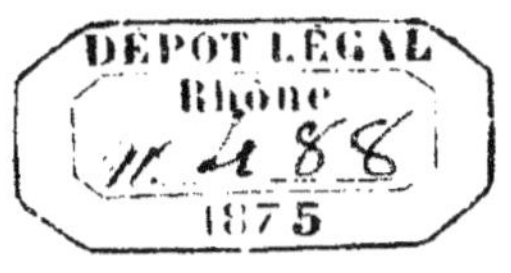

LYON
H. GEORG, LIBRAIRE-ÉDITEUR
65, RUE DE LYON
MÊME MAISON A GENÈVE ET A BALE

1875

ASSOCIATION LYONNAISE

AMIS DES SCIENCES NATURELLES

Le développement remarquable qu'ont pris, depuis quelques années, les collections du Muséum d'histoire naturelle de Lyon assure désormais à cet établissement un rang distingué parmi tous les musées de ce genre. Non-seulement il est aujourd'hui un des premiers en France, mais il peut même rivaliser avec les musées de plusieurs capitales étrangères. Cependant, tel qu'il est, le Muséum de Lyon présente encore de nombreuses et d'importantes lacunes qu'il serait temps de combler. D'un autre côté, le domaine de l'histoire naturelle s'étendant tous les jours avec une incroyable rapidité; il est nécessaire que les collections publiques suivent ce mouvement, si elles veulent rester à la hauteur de leur mission.

Malgré la généreuse subvention que notre établissement municipal reçoit chaque année de la ville, il lui devient tous les jours plus difficile de satisfaire aux exigences de la science : l'accroissement des collections entraîne des frais de conservation plus considérables, et ces derniers absorbent aujourd'hui la majeure partie de l'allocation, à tel point qu'il ne reste, pour les acquisitions, qu'une somme réellement insuffisante. Si cet état de choses persistait, non-seulement le Muséum ne pourrait que très-lentement combler les lacunes dont nous venons de parler, mais encore, et, à plus forte raison, il ne saurait prendre sa juste part des conquêtes nouvelles les plus précieuses que fait l'histoire naturelle.

C'est pour prévenir cet état de stagnation que quelques personnes, comprenant l'importance des sciences naturelles, ont conçu le projet d'une association, à l'imitation d'un grand nombre de villes, notamment de Strasbourg, qui ont eu recours au même moyen pour accroître leurs ressources. Cette association, dont la fondation ne date que du mois de juillet 1872, a déjà produit les résultats espérés. Le nombre de ses membres s'élève à près de deux cents, et beaucoup payent plusieurs cotisations.

Cette association donne un revenu annuel qui est exclusivement consacré à des acquisitions ; elle contribue donc d'une manière très-efficace au développement rapide de notre Muséum et elle offre, en outre, un avantage plus précieux encore, celui de répandre et de propager parmi nos concitoyens le goût des sciences naturelles.

STATUTS

1. L'Association porte le titre d'*Association lyonnaise des Amis des sciences naturelles*.

2. Est membre de l'Association toute personne qui souscrit au moins pour une cotisation annuelle de 10 fr., laquelle peut être rachetée par une somme de 200 fr., une fois payée.

3. Toute personne ayant versé la somme de 200 fr. sera inscrite sur la liste des membres fondateurs et recevra une carte spéciale.

4. Le montant de la souscription est prélevé tous les ans au mois de janvier.

5. Le produit des cotisations est employé uniquement à l'acquisition d'objets nouveaux.

6. Les membres de l'Association se réunissent tous les ans pour nommer le Bureau et une commission composée de quatre membres chargés de l'emploi des fonds, Le directeur du Muséum fait partie de cette commission.

7. A chaque assemblée générale, la Commission présente un rapport sur les acquisitions faites dans le courant de l'année.

8. Dans cette réunion, un des membres de l'Association expose les faits les plus intéressants d'une branche quelconque de l'histoire naturelle.

9. Chaque membre de l'Association reçoit une carte d'entrée avec laquelle il pourra visiter tous les jours les galeries du Muséum.

10. Il est dressé un tableau des noms de tous les membres de l'Association ; ce tableau est exposé dans une des salles du Muséum.

11. Tous les objets acquis sur les fonds de l'Association portent sur leur étiquette : *Don de l'Association lyonnaise des Amis des sciences naturelles*.

MEMBRES FONDATEURS

MM. BELLON ✿, ancien Négociant.
CHABRIÈRE-ARLÈS ✿, Administrateur des hospices.
DELOGRE (O.) ✿, Ingénieur des ponts et chaussées.
DUMORTIER, Géologue, Membre de l'Académie de Lyon.
LOCARD père ✿, Ingénieur civil.
LORENTI, Professeur à l'École La Martinière.
LORTET (le Dr) ✿, Directeur du Muséum d'histoire naturelle.
PIATON ✿, ancien Notaire, Administrateur des hospices.

BUREAU NOMMÉ POUR L'ANNÉE 1875

Président. . . . MM. ÉMILE GUIMET, Membre de l'Académie de Lyon.
Vice-Président. ALBERT GIRAUD, Négociant en soieries.
Trésorier. . . . ALBERT FALSAN, Membre de l'Académie de Lyon.
Secrétaire . . . ERNEST CHANTRE.

COMMISSION CHARGÉE DE L'EMPLOI DES FONDS

MM. DUMORTIER, Membre de l'Académie.
l'Abbé FOURNEREAU, Professeur de sciences à l'Institution des Chartreux.
LOCARD père, Ingénieur civil.
CHAUVEAU (le Dr), Professeur de physiologie à l'École vétérinaire.

LISTE DES MEMBRES

DE

L'ASSOCIATION LYONNAISE DES AMIS DES SCIENCES NATURELLES

MM

AYET (Mademoiselle Marie), rue Pomme-de-Pin.
ARLÈS-DUFOUR (Gustave), Négociant, place Tholozan, 19.
ARLÈS-DUFOUR (Madame Pauline).

BARBOT, Conducteur à la Voirie municipale, rue Henri IV, 5.
BELLON (J.), Ancien Négociant, avenue de Noailles, 4.
BÉRARD (J. B. L.), cours Morand, 35.
BERNARD, Rentier, quai de la Charité, 4.
BIANCHI (le Dr), rue de l'Hôtel-de-Ville, 97.
BIED-CHARTON, rue Bourbon, 36.
BIÉTRIX (C.), Négociant, rue Lanterne, 24.
BIÉTRIX (K.), — —
BILLIOUD, Négociant, rue Royale, 22.
BOUCAUD (le Dr), rue Bourbon, 75.
BOUSSUGE, Avocat, rue d'Auvergne, 2.
BOUTEILLE (François), École de Médecine.
BREITTMAYER, Négociant, place de la Préfecture, à Marseille.
BROUZET (Charles), Ingénieur, montée de Balmont.
BRUN (J. A.), Rentier, quai de l'Hôpital, 18.
BUISSON, Président du Consistoire de Lyon, place Saint-Clair, 1.

CAMBEFORT (Charles), Étudiant, place Saint-Clair, 5.
CANDY (le Dr), Grande-Rue des Feuillants, 1.
CAVERNIER (Michel), rue Laurencin, 5.

MM.

CAZENOVE (Raoul de), Rentier, rue Sala, 8.

CHABRIÈRES (Arlès), Administrateur des Hospices, place Morand, 12.

CHABRIÈRES (Auguste), Étudiant, place Morand, 12.

CHANEL (Ant.), Ingénieur civil, avenue du Parc, 8.

CHANTRE (Ernest), cours Morand, 37.

CHAPPET (Prosper), Rentier, place Morand, 4.

CHAPPET (le Dr), rue Malesherbes, 35.

CHARRIN (M.), Négociant, rue du Plat, 18.

CHAUVEAU (le Dr P.), Professeur à l'École vétérinaire, quai des Brotteaux, 22.

CHAVANIS, quai Saint-Vincent, 54.

CHEVALLIER, Peintre, rue Sainte-Monique, 1.

CLÉMENT (le Dr), Médecin des hôpitaux, rue Saint-Joseph, 53.

COTE (Ferdinand), place du Square, 1.

COTTET (Marie-Étienne), Comptoir d'escompte, rue Neuve.

COUTAGNE (le Dr), rue Bourbon, 35.

CROLAS (le Dr), Professeur à l'École de médecine, rue de Trion, 4.

DAVALLON, Pharmacien, place Saint-Pierre.

DEBRIX (E.), Substitut, quai de la Charité, 39.

DELOCRE, Ingénieur des ponts et chaussées, rue de la Reine, 38.

DESGRAND (Louis), Président de la Société de géographie, rue Lafont, 24.

DESGRAND (Paul), Négociant, rue du Garet, 3.

DESGRANGES (le Dr), Professeur à l'École de médecine, place de Lyon, 53.

DESPREZ (le Dr), rue Centrale, 27.

DESHUMBERT (Pétrus), rue Lanterne, 4.

DIEULAFAIT, Professeur à la Faculté des sciences de Marseille.

DOUENNE, Manufacturier, quai de Perrache, 27.

DUCARRE, Député à l'Assemblée nationale, quai de la Pêcherie, 11.

DUCHAMP (G.), Interne des hôpitaux.

DUCROS, Préfet du Rhône.

DUCROST (l'Abbé), Curé de Solutré (Saône-et-Loire).

DULAC (Jules-Pierre), place de Lyon, 44.

DUMARAIS (Léon), avenue de Noailles, 56.

DUMORTIER, Géologue, Membre de l'Académie, avenue de Saxe, 97.

DUQUAIRE, rue de Lyon, 17.

EYMARD (Hugues), place Bellecour, 33.

FALSAN (Albert), Géologue, Saint-Cyr au Mont-d'Or (Rhône).

FALSAN-COLLARD (Madame), rue Pomme-de-Pin.

MM.

FASSE (J. E.), Opticien, rue de l'Hôtel-de-Ville, 12.

FAULTRIER (Paul), Employé à la succursale de la Banque de France de Lyon.

FAURE (Joseph), Négociant, rue Centrale, 1.

FINAZ (Ernest), Avocat, rue Bourbon, 61.

FITLER (Albert), quai Castellane, 4.

FITLER (Paul),   —   —

FOLTZ (le Dr E.), Professeur à l'École de médecine, rue Saint-Dominique, 5.

FONTANNES (F.), Géologue, rue de Lyon, 4.

FOURNEREAU (l'Abbé), Professeur de sciences à l'institution des Chartreux.

FREDET (Dr), à Saint-Chamond (Loire).

FRÉREJEAN, à Saint-Cyr au Mont-d'Or (Rhône).

FRÉMINVILLE (Léon de), château de Laumusse, par Pont-de-Veyle (Ain).

FRÉMINVILLE (Jules de), rue Sainte-Hélène, 23.

FROMENT (Arthur), Négociant, place Morand, 18.

GABILLOT (Joseph), Entomologiste, quai des Célestins, 5.

GALLINE (Oscar), Président de la Chambre de Commerce, rue de Lyon, 13.

GAMOT, Négociant, rue Puits-Gaillot, 11.

GAY (le Dr André), rue d'Algérie, 16.

GAYET (le Dr), Chirurgien en chef à l'Hôtel-Dieu, rue de la Barre, 1.

GIRAUD (Albert), Négociant, place Tholozan, 19.

GIRAUD (Victor), Négociant,   —   —

GÉRARD (le Dr A.), rue Constantine, 2.

GERMAIN (Philippe), rue Neuve, 23.

GENSOUL (Paul), Ingénieur, rue du Plat, 10.

GIRIAT (Charles), quai Saint-Vincent, 39.

GIRARD (Étienne), Directeur de la Manufacture des tabacs de Lyon.

GLÉNARD, Directeur de l'École de médecine, avenue de Noailles, 49.

GOBIN, Ingénieur en chef de la ville, place Saint-Jean, 8.

GODINOT (Charles), rue des Marronniers, 2.

GONNARD, Ingénieur civil, rue Saint-Pierre, 27.

GOUILLOUD (E.), rue de Castries, 10.

GOURD, Négociant, quai de Retz, 1.

GRANDVAL, Secrétaire général de la Préfecture.

GRENIER (Oscar), Ingénieur civil, quai Perrache, maison Chevalier.

GROSJEAN (Félix), Ingénieur des Mines, place Henri IV, 5.

GUIMET (Émile), Manufacturier, Membre de l'Académie, place de la Miséri-
    corde, 1.

HEDDE (Isidore), Rentier, rue de Condé, 16.

MM.

HIVRIER (l'abbé), Supérieur de l'institution des Chartreux.
HOFFHERR, Brasseur, cours du Midi.

JACQUART (le P.), Professeur au collége de Saint-Thomas d'Aquin, Oullins.
JORDAN (ALEXIS), Botaniste, Membre de l'Académie, rue de l'Arbre-Sec, 40.

KASTUS (le Dr), rue Lanterne, 8.
KLEINMANN, Sous-Directeur du Crédit lyonnais.
KLEINMANN (Madame ADÈLE).

LAGRANGE (LOUIS), Étudiant, Bourg (Ain).
LEMOINE (PAUL), Interne des hôpitaux, cours de Brosses, 1.
LOCARD (EUGÈNE), Ingénieur civil, rue de la Reine, 59.
LOCARD (ARNOULD), Ingénieur civil, Saint-Chamond (Loire).
LORENTI (PIERRE), Professeur à l'École La Martinière, cours Morand, 22.
LORIOL (DE), Ingénieur civil, quai Saint-Antoine, 30.
LORTET (le Dr LOUIS), Directeur du Muséum, avenue de Saxe, 69.
LORTET (LEBERECHT), Artiste Peintre, avenue de Saxe, 69.
LORTET (Mademoiselle), avenue de Saxe, 69.

MAGAUD (le Dr JULES), rue du Garet, 9.
MAGNIN, Interne des hôpitaux, place Saint-Clair, 9.
MALLET-GUY (CÉLESTIN), rue Martin, 4.
MALLET-GUY (FRANCIS),   —
MALLET-GUY (Madame),   —
MERMILLON (CLAUDE), Fabricant, rue Romarin, 3.
MARMORAT, Négociant, rue Lafont, 18.
MARNAS, Teinturieur, quai Castellane, 5.
MAZADE, Pharmacien, rue d'Algérie, 14.
MÉHU, Pharmacien, Villefranche (Rhône).
MEYNET (le Dr PAUL), rue Saint-Dominique, 6.
MIGNOT-MOREL, rue des Archers, 11.
MORICE (le Dr), Médecin de la marine.
MORLOT (ALBERT), Manufacturier, quai de l'Est, hôtel Payen.
MOULIN, Dessinateur, rue du Griffon, 5.
MOULIN, Rentier, quai Tilsit, 24.
MULSANT (l'abbé), quai de Retz.

NIÈPCE, Avocat, rue de l'Hôtel-de-Ville, 76.
NODET (JOSEPH), Étudiant, rue Sainte-Hélène, 47.

MM.

NOGUÈS, Professeur de sciences, rue de Jussieu, 3.

OBERKAMPFF (ERNEST), Ministre du Saint Évangile, avenue de Saxe, 69.
OLLIER (le Dr), Chirurgien en chef des hôpitaux, quai de la Charité, 5.
ONÉSIME (le Frère), Professeur au Pensionnat Saint-Barthélemy.
ONOFRIO (GERMAIN), Propriétaire, cours Morand, 37.
ONOFRIO (GEORGES), Élève à l'École polytechnique.

PAGANI (l'abbé), Professeur à l'institution des Chartreux.
PARISET, Négociant, rue Royale, 29.
PERRET (J. B.), Intendant militaire, place Perrache, 20.
PERRET, Ingénieur du chemin de fer P. L. M., cours Perrache.
PERROUD (le Dr), quai Saint-Vincent, 43.
PERROUD, Avocat,   —
PÉTREQUIN (le Dr), Professeur à l'École de médecine, rue Saint-Dominique.
PIATON, Président du Conseil des hospices, rue Ravez, 9.
PITIOT, Négociant, rue Puits-Gaillot, 31.
PITRAT, Imprimeur, rue Gentil, 4.
PONCIN, Chef d'institution, quai des Brotteaux, 7.
POTTON (ALBERT), Étudiant, rue du Plat, 8.
PRAVAZ (Dr), aux Étroits.

QUIVOGNE, Médecin vétérinaire, rue Bourbon, 47,

RADISSON (HIPPOLYTE), Ingénieur civil, Grigny (Rhône).
RAPET (PHILIPPE), Rentier, place des Terreaux, 7.
RÉROLLE (LOUIS), Étudiant, quai Joinville, 34.
REYMOND (FERDINAND), place Tholozan, 10.
REYNAUD (LUCIEN), Lépidoptériste, rue de Lyon, 19.
RIAZ (AUGUSTE DE), Banquier, quai de Retz, 10.
RIAZ (Madame DE),   — .   —
ROCHE (EDMOND), place des Pénitents-de-la-Croix, 1.
ROCHETTE (DE LA), Ingénieur civil, cours du Midi, 11.
ROLLET (le Dr), quai de l'Archevêché, 19.
ROMAN (ERNEST), Artiste Peintre, quai Saint-Clair, 1.
ROUAST (GEORGES), Lépidoptériste, quai de la Charité, 29.
ROUX (GABRIEL), Président de la Société physiophile, rue Duhamel, 17.
ROUX, Imprimeur lithographe, rue Centrale, 21.
ROZIER (ANTOINE), rue de la Barre, 55.

MM.

SAINT-OLIVE (Paul), place Croix-Pâquet, 5.
SAUZET, Conseiller à la Préfecture du Rhône.
SCHLUMBERGER, Ingénieur de la marine, rue du Plat, 30.
SIMÉAN (Pierre), Étudiant en médecine, cours de Brosses, 8.
SOULIER (Charles), chemin de Serin, 9.
SOULIER (le Dr), rue Saint-Dominique, 14.

TAULIER, Professeur, quai d'Occident, 5.
TEISSIER (le Dr), Professeur à l'École de médecine, quai Tilsitt, 16.
TESTENOIRE, Négociant, Président du Conseil d'administration de l'École
     supérieure de Commerce, rue du Griffon, 13.
TIRANT (le Dr Gilbert), à Saïgon (Cochinchine).
TISSEUR (Clair), Architecte, rue de la Reine, 10.
TOUSSAINT, Chef des travaux anatomiques à l'École vétérinaire.
TREPPOZ (Stéphane), Avocat, rue de l'Hôtel-de-Ville, 89.

VALETTE (le Dr), Professeur à l'École de médecine, place de Lyon, 42.
VALLÉE (J. B.), Ingénieur civil, rue Constantine, 1.
VAUTIER (Émile), Ingénieur civil, rue Centrale, 46.
VERNA (de), Propriétaire, rue de la Charité, 30.
VEUILLOT (Charles), rue de la Reine, 5.
VEZU, pharmacien, cours Morand, 5.
VIAL (J. B.), Instituteur, rue Saint-Joseph, 62.
VIDAL-GALLINE, Banquier, rue de Lyon, 13.
VIGNON (Jules), rue Malesherbes, 46.
VIVIER, place Perrache, 20.

WILLERMOZ (le Dr Ferdinand), rue Bourbon, 58.

PROCÈS-VERBAL

DE LA

SÉANCE GÉNÉRALE DU 14 MARS 1875

Présidence de M. Émile GUIMET

Suivant les articles 6, 7 et 8 des Statuts, les membres de l'*Association lyonnaise des Amis des Sciences naturelles* doivent se réunir une fois par an en séance générale. Cette séance a eu lieu cette année le 14 mars, à deux heures, dans la salle de la Société d'Agriculture, Histoire naturelle et Arts utiles de Lyon, au Palais Saint-Pierre.

En l'absence de M. le Président, M. Émile Guimet, Vice-Président, a pris place au bureau, ayant à sa droite M. le Dr Lortet, directeur du Muséum, et à sa gauche M. E. Chantre, secrétaire.

La plupart des membres de la Commission assistaient à la séance. Après la lecture du procès-verbal de la dernière séance générale, M. Guimet, rendant compte des travaux de l'Association pendant l'année 1874, annonce qu'elle est en prospérité. Le nombre des adhérents augmente chaque jour, et, au moyen de

ses cotisations, l'Association a pu, cette année encore, contribuer à enrichir les galeries du Muséum de plusieurs Mammifères intéressants qui manquaient à la collection. M. Guimet
rappelle enfin les dons importants d'animaux divers qui viennent d'être faits au Muséum par des membres de l'Association.

En l'absence de M. Kleinmann, Trésorier, M. le Secrétaire
donne lecture du résumé du budget de l'année 1874.

RÉSUMÉ DU BUDGET DE L'ASSOCIATION.

Du 1er juillet 1873 au 31 décembre 1874

RECETTES	ACQUISITIONS ET DÉPENSES	
Rentrées des Cotisations jusqu'au 31 décembre 1874. . . . . 1950 »	1° Achat d'un Rhinocéros en squelette, d'un Bison (squelette et peau), et d'un Mouton. .	900 »
	2° Achat d'un Élan du Canada, d'un Renne d'Amérique, d'un Ours du Canada, d'un Renard du Kamtchatka, d'un Écureuil de la Caroline et d'une Tortue de la Floride.	305 »
	3° Reptiles, Poissons, Oursins et Coraux de provenances diverses, ensemble 361 espèces. .	518 »
	Frais de Bureau.	63 80
	Frais de perception	163 20
1950 »		1950 »

La Société procède ensuite au renouvellement du Bureau et
de la Commission.

Ont été nommés à l'unanimité :

MM. Émile GUIMET, *Président*.
    Albert GIRAUD, *Vice-Président*.
    Albert FALSAN, *Trésorier*.
    Ernest CHANTRE, *Secrétaire*,

Ont été nommés membres de la Commission chargé des acquisitions :

MM. E. DUMORTIER,
    L'abbé FOURNEREAU
    LOCARD père,
    D' CHAUVEAU.

La dernière partie de la séance a été consacrée à la lecture de l'intéressant mémoire de M. le D   orice sur la *Faune de la Cochinchine française*. Après avoi. écouté avec une attention sympathique et soutenue les récits de voyage et de chasse de notre jeune et savant compatriote, ainsi que la description des principaux animaux qu'il a su en rapporter, les membres de l'Association se sont rendus dans les galeries du Muséum pour admirer les collections aussi variées que considérables que M. le D' Morice a recueillies en Cochinchine et dont il a fait hommage au Muséum. Une exposition spéciale de ce don important et des pièces acquises par l'Association avait été organisée pour cette circonstance.

LE SECRÉTAIRE,

ERNEST CHANTRE.

RAPPORT DE M. ÉMILE GUIMET

VICE-PRÉSIDENT

Mesdames, Messieurs,

Je suis chargé de vous faire part des travaux de votre Société pendant l'année qui vient de s'écouler.

L'Association lyonnaise des Amis des Sciences naturelles est en prospérité. Fondée au mois de juillet 1872, elle se compose aujourd'hui de 180 membres, et, comme quelques-uns d'entre eux ont pris plusieurs souscriptions, elle compte en tout 192 parts.

L'année passée elle a acquis, entre autres pièces remarquables, le squelette d'un Rhinocéros du sud de l'Afrique, un squelette et une peau de Bison, un Mouflon des Montagnes Rocheuses, etc. Déjà, l'année précédente, elle avait contribué au montage du Mammouth qui fait l'ornement de la galerie du Muséum lyonnais.

Une occasion spéciale nous a permis de nous procurer quelques beaux types d'animaux étrangers de grande dimension et qui manquaient entièrement à notre collection. Six grandes pièces ont été ainsi acquises aux frais de la Société :

1° L'Élan du Canada, magnifique femelle du plus grand des Cervidés, qui vit dans le nord de l'Amérique, où il est connu sous le nom d'*Orignal*. Les Indiens le chassent en cherchant à le pousser dans l'eau, où ils l'atteignent alors facilement. De son bois, ils fabriquent des ustensiles domestiques ; de sa peau ils font des canots. Une de leurs places de chasse, la *Prairie des Cornes de cerf*, aux bords du Missouri, est célèbre ; ils y ont élevé une pyramide en bois d'Orignal et de Wapiti ;

2° Le Renne Caribou ou Renne d'Amérique, plus grand que celui d'Europe. Son bois est plus petit, sa robe plus fournie. Il vit solitaire dans les forêts. Les détails de sa structure rappellent le Renne des stations préhistoriques, et maintenant que l'étude de ces temps anciens est l'objet d'une attention toute particulière, il est intéressant de pouvoir étudier sur un type contemporain les caractères d'un animal fossile ;

3° L'Ours du Canada ou Ours noir d'Amérique. Il a la taille de l'Ours d'Europe, mais il en diffère par une tête plus étroite et un museau plus pointu. Son pelage est fourni de poils longs, lisses et raides, d'un noir brillant. On le rencontre dans toute l'Amérique du Nord. Les voyageurs ont répété mille folies sur cet Ours ; les uns le présentent comme l'animal le plus doux qui existe, les autres laissent percer dans leurs relations toute la terreur qu'il leur a inspirée. Il se nourrit principalement de végétaux et de fruits de toutes sortes. Il attaque cependant les troupeaux et s'en prend même aux Bœufs. Il recherche les insectes aquatiques, et, pour les attraper, il écume l'eau en nageant la gueule ouverte. Sa fourrure est très-estimée ;

4° Le Renard du Kamtchatka, grande et belle espèce se rapprochant beaucoup de celle de nos pays, mais présentant un pelage plus fin et plus serré ;

5° L'Écureuil de la Caroline ;

6° Une très-intéressante et nouvelle espèce de Tortue aqua
tique provenant de la Floride.

Ces animaux ont été montés avec beaucoup de soins par
M. Revil père.

Outre ces pièces importantes, on a acquis une série de très-
belles espèces de Reptiles, Poissons, Oursins, Astéries et Co
raux destinés à compléter les types du Muséum. La plupart de
ces espèces intéressantes proviennent de l'Océanie et montrent
la richesse des faunes sous-marines de ce pays.

Un de nos compatriotes, M. le Dr Morice, membre de notre
Association, après un séjour de deux ans et demi en Cochinchine, en a rapporté une remarquable collection d'animaux de
toutes sortes et particulièrement de Reptiles. Il vient d'en faire
généreusement don au Muséum, et, après la séance, vous
pourrez admirer ces intéressants souvenirs de voyage, exposés
tout exprès, ainsi que les nouvelles acquisitions de la Société,
par les soins de M. le Directeur. M. le Dr Morice se propose,
du reste, de vous entretenir tout à l'heure de la richesse de la
faune de ces contrées, si intéressantes au point de vue du développement et de la prospérité de notre colonie.

Vos applaudissements sauront témoigner à M. le Dr Morice
et vos sympathies pour un savant lyonnais et votre reconnaissance pour sa générosité.

Mais ce n'est pas tout, Messieurs, que de réunir des collections, il faut que l'enseignement ressorte de ces accumulations
de richesses scientifiques. Il faut un bon classement, il faut des
catalogues clairs et bien faits, il faut un professorat parallèle
au Musée et qui le complète.

Je n'ai pas besoin de vous dire avec quelle méthode nette
et sûre nos conservateurs ont su classer le Muséum de Lyon.

Quant au catalogue, un de nos membres les plus zélés, M. Arnould Locard, vient de terminer un *Guide* destiné aux visiteurs du Muséum. Cet utile travail permettra aux personnes les moins initiées aux sciences naturelles de parcourir avec fruit les galeries et d'en saisir le but et l'intérêt. Ce *Guide* est actuellement sous presse et l'auteur sera très-heureux d'en offrir prochainement un exemplaire à chacun des membres de l'Association.

Il ne nous manque donc plus, pour nous mettre au niveau des belles collections des pays étrangers, que de créer l'enseignement oral, les démonstrations à heures fixes dans les galeries, ou les conférences faites au dehors avec l'appui des spécimens du Muséum. Espérons que bientôt des personnes compétentes voudront bien prendre à tâche de combler cette lacune.

J'ai encore à vous entretenir d'une collection de Coquilles provenant des mers de la Chine et de l'Inde et qui figurera prochainement dans nos vitrines. Elle avait été rassemblée par un de nos compatriotes, M. Rey. C'était un vrai savant, que la mort est venue surprendre au moment où il se disposait à rentrer en France. Il connaissait à fond les langues orientales et il a laissé une riche bibliothèque d'ouvrages chinois, persans et indiens. Il avait collectionné avec soin de vieux bronzes chinois et d'antiques médailles de l'extrême Orient. Je suis heureux de vous annoncer que toutes ces richesses resteront à Lyon et que le Muséum s'est arrangé de manière à obtenir toute la collection des Coquilles.

Vous savez, Messieurs, avec quel zèle infatigable M. Lortet s'occupe de notre Musée ; je vous propose de lui voter des remerciements pour lui témoigner votre gratitude. Je dois également signaler à votre reconnaissance ceux qui le secondent avec tant de talent et de dévouement, particulièrement MM. Dumortier, Chantre, Fontannes et Arnould Locard.

En résumé, Messieurs, il a déjà été beaucoup fait depuis le peu de temps que nous existons. C'est à vous, à présent, à faire du prosélytisme, dans l'intérêt de la science et du Muséum, en faisant connaître à nos compatriotes l'Association, son but et son utilité.

Je remarque que, parmi nous, figurent beaucoup de dames. C'est surtout sur elles que je compte pour cette propagande, car je suis sûr qu'elles seront mieux écoutées que nous et je ne doute pas que, grâce à leur gracieux concours, notre Association n'arrive à contribuer puissamment à l'avancement des sciences.

COUP D'ŒIL

SUR LA

FAUNE DE LA COCHINCHINE FRANÇAISE

PAR

M. le Docteur MORICE

MÉDECIN DE LA MARINE

MESSIEURS,

C'est avec une véritable émotion que je prends aujourd'hui la parole. Après le plaisir de voir des choses nouvelles, de contempler les majestueuses beautés des régions tropicales, celui de les raconter, de les peindre, de les faire admirer enfin à des yeux avides de les connaître, à des esprits faits pour les comprendre, est certainement le plus grand qu'il nous soit donné de goûter. Mais c'est une œuvre difficile même pour ceux-là qui manient la parole en maîtres et pour qui notre langue n'a pas de secrets ; aussi, n'entreprendrais-je point cette tâche, si je n'étais sûr que l'intérêt du sujet fera moins sentir l'insuffisance du narrateur.

La Cochinchine française, notre jeune et belle colonie, créée hier et aujourd'hui florissante, est à peine connue de la grande masse de nos concitoyens ; et, cependant, à combien de titres ne mérite-t-elle pas de fixer leur attention ! Naturalistes, elle ouvre à notre activité l'immensité de sa flore et de sa faune ; médecins, nous y

trouvons des affections spéciales et peut-être la clef de plus d'un
problème de pathologie ; anthropologistes et philologues, nous y
rencontrons un grand nombre de peuples non classés encore et
parlant des langues qui n'ont pas été recueillies. Enfin, à un point
de vue plus immédiatement pratique, nos commerçants ; et en particulier nos commerçants lyonnais, auront bientôt à se préoccuper
de ses produits si précieux, dont le commerce est encore aujour-
d'hui, pour la plus grande part, entre des mains étrangères.

La Cochinchine française est comme une sentinelle avancée de
la France. Deux moussons, soufflant tour à tour de l'est à l'ouest
et de l'ouest à l'est, y conduisent nos vaisseaux ou les ramènent
vers la patrie ; et, chose bien digne de remarque, de ces nombreux
et gigantesques navires, transports de l'État ou courriers des
Messageries, aucun n'a payé, dans ces parages, de trop douloureux tributs à Neptune. N'étaient les angoisses que la mer fait
éprouver à certaines organisations, plus rares cependant qu'on ne
le suppose, une traversée semblable serait moins à redouter qu'un
voyage en chemin de fer. Du reste, l'heure semble venue où le
Français, se mêlant de plus en plus aux populations lointaines, por-
tera sa résistance aux dangers, sa gaîté inépuisable, son esprit qui
sort victorieux de tant d'épreuves, aussi loin et aussi fréquemment
que d'autres peuples moins bien organisés que lui pour dompter les
périls des pays tropicaux et s'assimiler leurs avantages.

Le voyage dure en moyenne quarante jours ; la route suivie est
constamment la même, que les navires partent de Toulon ou de
Marseille, et les étapes successives sont les suivantes : Port-Saïd,
Suez, Aden, Ceylan et Singapoore. Port-Saïd, c'est la terre d'Égypte ;
moins le Nil, c'est-à-dire l'aridité et le sable salé ; puis, vient la
traversée du canal, cette œuvre française qui a prouvé, une fois de
plus, aux paresseuses populations de l'Orient, que la science ne
plane pas toujours dans les hautes régions, mais s'affirme quand
elle veut par de merveilleuses créations.

A Suez, nouvelle escale, très-courte, et alors commence la navi-
gation de la mer Rouge. C'est l'heure la plus pénible du voyage ;
j'y suis passé en juin et en octobre, et je dois dire que jamais la

chaleur de la Cochinchine ne m'a soumis à une pareille épreuve.

Au bout de la mer Rouge, troisième pause à Aden, cette ville anglaise créée de toutes pièces entre des rocs dénudés et brûlants, où il ne pleut qu'une fois en quelques années, et dont les habitants sont réduits à boire l'eau de mer distillée, ou celle d'immenses citernes qui sont loin d'en fournir toujours. Sa vue est triste et monotone; mais c'est le dernier adieu de l'Afrique désolée; nous sortons de la mer Rouge en saluant Socotora et entrons dans l'océan Indien.

C'est alors l'étape la plus longue entre le ciel et l'Océan; au bout de quatorze jours environ on aperçoit les atolls des Maldives avec leur ceinture de palmiers; puis, enfin, nous touchons à Ceylan. C'est là que se fait pour le voyageur novice la première révélation des splendeurs tropicales : ces larges allées de Cocotiers, ces splendides Aréquiers à tronc droit comme une colonne et terminés par un vaste panache, cette exubérance de couleurs où le vert domine, un vert différent de celui de nos climats, plus lumineux et plus chaud.

Mais il faut repartir; la route du bateau s'infléchit au sud, et nous voici dans le détroit de Malacca. On aperçoit les chaînes de montagnes de la grande Sumatra avec leurs bases entourées de vapeurs. Enfin, à la sortie du détroit apparaît Singapoore, avec sa rade magnifique et sa verdure éternelle. C'est le point le plus voisin de l'équateur que nous touchions dans notre course, ensuite la route se relève et nous piquons au nord-est sur la Cochinchine.

Le cap Saint-Jacques, avec ses forêts et ses collines, salue le voyageur; bientôt on arrive à la rivière de Sai-gon, et, poussé à la fois par la vapeur et la marée montante, le gigantesque bateau se fraye sa route au milieu des nombreux vaisseaux marchands, des chaloupes, des innombrables *sampans* (barques) annamites. Nous sommes arrivés à Sai-gon.

L'impression de l'arrivée est multiple, mais ce qui domine c'est un heureux étonnement; on craignait de voir une ville trop asiatique, de misérables cases en torchis et en paillote, et l'on se trouve en face de bâtiments tout européens : le vaste cosmopolitan-hôtel, les grandes maisons du quai, de la rue Catinat et de la rue Nationale, dans le lointain, le très-beau palais du gouverneur. Il est vrai, pour dire toute la vérité, qu'à côté de ces grandes artères de la ville et de ces riants cottages, sont les cases plus modestes où logent les indigènes ; mais, du moins, on sent que là-bas le cœur de la France bat encore, et l'on débarque enfin plein de curiosité et sans inquiétude.

Sai-gon est legrand centre d'échanges, d'importation et d'exportation ; celle-ci consiste surtout en riz, cornes et peaux de buffles et de cerfs, fourrures de tigres et de panthères, ivoire d'éléphant, meubles et incrustations annamites, chinoiseries, poivre, soie, noix vomique, etc. L'importation se compose surtout de produits européens ; farines, vins, conserves alimentaires, lingerie, quincaillerie, vêtements, etc. La population européenne augmentant, les naturels du pays se mettant peu à peu à nos habitudes, il y a là-bas pour nos productions un débouché très-considérable. Grâce aux innombrables cours d'eau qui sillonnent cette immense plaine et à une compagnie de bateaux à vapeur qui fonctionne depuis près de deux ans, les communications avec tous les points de la colonie sont aussi sûres que peu fatigantes ; Ha-tien envoie, avec ses poivres, le jais, le poisson et la saumure de Phu-quoc ; Tay-ninh, ses admirables bois, bois de fer, bois de gô, bois de scheun ou bois rouge, aussi beau que l'acajou ; Bien-hoa, son sucre et son café ; toutes les villes de l'intérieur, leur riz, leur arec, leur bétel, leur poisson ; aussi, le marché et le port de Sai-gon sont-ils fort animés, malgré l'indolence proverbiale de la race annamite, et cet immense comptoir prend-il tous les jours une importance plus grande.

Quant à la manière dont l'Européen vit dans la colonie, il est assez difficile d'en donner une idée à qui ne connaît pas les pays chauds. Le soleil règne là-bas fort despotiquement et ne permet pas le travail à tous les moments du jour, de six heures à dix heures du matin et de deux heures à cinq heures du soir, voilà, pour tous, le bilan de l'activité ordinaire ; le reste appartient au plaisir ou plutôt au repos. L'habitude de la sieste se prend presque fatalement, d'abord à cause de la torpeur qui nous envahit volontiers après le repas du matin, ensuite, parce que, à ce moment, il est à peu près

impossible de se livrer aux distractions intellectuelles ou à celles
de la promenade. Quant aux plaisirs que peut donner le pays en
lui-même il faut savoir les trouver; la chasse et l'étude des productions naturelles sont à peu près les seuls qu'on puisse se procurer loin de Sai-gon. A Sai-gon même, on n'a guère de plus que les
soirées hebdomadaires au palais du Gouvernement et les théâtres
chinois de Cholen; mais on souffre peu de ce manque de jouis-
sances, auxquelles l'Européen de nos grandes villes est aujourd'hui
habitué; on se fait vite à cette existence qui n'exige que peu de dé-
pense d'activité, et. je pourrais citer plus d'un fanatique de la Cochinchine qui ne voudrait à aucun prix échanger sa grande liberté
d'allures, les plaisirs d'une chasse royale, et avouons-le, le bon-
heur de ne point trop fatiguer son cerveau, pour les voluptés plus
hautes, mais plus laborieuses, de nos grandes cités françaises.

Il faut reconnaître, en effet, que le climat de la Cochinchine
énerve un peu l'Européen. C'est un des plus chauds que l'on con-
naisse : la moyenne annuelle est de $+ 28,11$ centigrades; dans les
mois les plus froids de l'année, décembre et janvier, le thermomètre
ne descend pas au-dessous de 19 degrés et pour quelques heures
seulement. Comme terme de comparaison, rappelons- nous la tem-
pérature moyenne de Paris qui est de $+ 10° 8/10$. Cette chaleur
continuelle, qui n'a pas même les chutes nocturnes que l'on observe
en Afrique, par exemple, est une des causes les plus sérieuses de la
fatigue musculaire que l'Européen finit, tôt ou tard, par ressentir,
mais aussi une des affections les plus graves des pays chauds, l'hé-
patite, si commune au Sénégal, est-elle rare en Cochinchine et ne
se présente-t-elle guère que comme complication d'autres maladies.

L'humidité atmosphérique est considérable; on a peine à préserver les armes et les instruments du naturaliste ou du chirurgien de
la rouille qui les envahit; les chaussures, les vêtements, se cou-
vrent vite de moisissure, et des soins continuels doivent être pris
pour les préserver.

A part la saison des pluies et surtout l'époque de transition qui
l'unit à la saison sèche, la Cochinchine n'a pas une atmosphère
très-agitée, mais aussi, à ces époques spéciales, les orages sont-ils

redoutables et brisent un grand nombre d'arbres ; les éclats du
tonnerre sont d'une puissance inouïe ; on dirait que toutes les bat-
teries du ciel bombardent la terre. Les pluies sont torrentielles
pendant l'hivernage et empêchent presque toutes les explorations.
Les chemins, les forêts, sont inondés ; c'est l'époque où les Félins
se retirent sur les lieux élevés et où l'on en fait de grandes tueries.
Les orages surviennent volontiers aux mêmes instants du jour et
ne durent que trois ou quatre heures. C'est le moment des grandes
récoltes pour le naturaliste.

Par contre, pendant la saison sèche, la terre se fendille, les rizières se dessèchent, la végétation diminue ; c'est l'époque de la
morte-saison pour le savant ; il semble que cette chaleur implacable endorme les reptiles et tue les insectes, comme le fait le froid
dans le Nord ; et les récoltes de tout genre sont peu abondantes.

Avant de parler des richesses zoologiques de la colonie, permet-
tez-moi encore de dire un mot des divers cultes que professent les
habitants de l'Indo-Chine : la grande masse, composée des Annamites, des Chinois et des Cambodgiens, est bouddhiste, et les céré-
monies de leur religion, les nombreuses pagodes que l'on rencontre
intéressent vivement l'étranger. La ville de Cholen a des temples
d'une richesse vraiment merveilleuse ; les bas-reliefs nombreux re-
présentent des oiseaux et des monstres fantastiques perdus au sein
d'une végétation aux couleurs éclatantes, telles que l'œil d'un botaniste n'en rêva jamais. Au centre et souvent aussi aux coins de
l'autel se dressent des statues colossales de Bouddha, et non loin de
lui de véritables râteliers où reposent, en attendant l'heure des céré-
monies, des lances, des porte-flambeaux, des pavillons, etc., instruments sacrés de toutes formes. Au-devant est suspendu un
tamtam, formé ordinairement d'un vaste tronçon en bois très-dur,
évidé et ne présentant qu'une fente latérale ; un réchaud consacré,
sur lequel les fidèles brûlent des papiers dorés ou argentés, est
placé au milieu du temple, et sur l'autel lui-même reposent les
offrandes symboliques de fruits (le plus souvent des bananes) et
d'alcool de riz. Une lampe, toujours allumée, brûle devant le sanc-
tuaire. Malheureusement, des légions de Chauves-Souris habitent

la plupart de ces pagodes, et leurs cris aigrelets troublent le re-
cueillement. Le Tigre, lui aussi, a souvent sa statue ou son por-
trait en fresque dans le temple, et on le retrouve jusque sur les
tombeaux.

A côté du culte de Bouddha, plus enraciné peut-être que lui, nous
trouvons le culte des ancêtres, culte respectable, qui est au fond
de la plupart des religions de l'Asie. Insulter un Annamite n'est
rien, mais insulter ses parents est une injure des plus graves, et le
juron favori de ces peuples, que je demande la permission de ne
pas traduire, même en latin, cette langue qui brave, dit-on, l'hon-
nêteté, montre éminemment à quel point les ancêtres sont respectés.
A certaines époques de l'année, devant chaque maison annamite ou
chinoise, on voit un festin préparé sur des plateaux de laque plus
ou moins riches ou de ce bois noir très-dur, qu'on appelle gô,
quelquefois même d'ébène; des fruits, du riz, des quartiers de
porc rôti, des volailles, de l'eau-de-vie, entremêlés de flambeaux
et de fleurs, sont offerts aux mânes des parents; hâtons-nous
d'ajouter que les vivants prennent ensuite leur part de ces agapes
sacrées.

Dans l'épaisseur des bois, le long des rochers, sous les arbres
les plus touffus, les banians surtout, où le voyageur peut respirer
un instant à l'abri de l'implacable soleil, se rencontrent fréquemment de petits autels ou des temples en miniature; devant eux
sont placés des paquets de petits bâtons rouges en bois odorant qu'on
peut allumer en passant. J'ai souvent béni ces retraites et admiré
avec quel art elles avaient été placées partout où l'ombre invite au
repos.

Après le culte de Bouddha, dont nous ne saurions trop admirer
l'humanité et la tolérance, le culte de Mahomet est celui qui compte
le plus d'adeptes, surtout à Sai-gon, où se trouve une mosquée. La
plupart des Hindous noirs de la côte de Malabar appartiennent à ce
culte; et, bien loin de la Cochinchine, au nord-est, de nombreux
Chinois, qui dernièrement encore ont ensanglanté l'Empire par
leurs révoltes multipliées, professent aussi l'islamisme. Cette religion est aussi celle d'un peuple intéressant à plus d'un titre, les

Chams, Tiams, ou Tsiampas, autrefois puissant, aujourd'hui morcelé, et répandu dans l'est de la Cochinchine et dans le Cambodge. L'intolérance et l'orgueil sont le cachet distinctif de tous ces mahométans.

Le christianisme, enfin, a de nombreux adeptes dans l'Annam ; on rencontre des villages entiers dont la majorité est chrétienne, aux environs de Sai-gon notamment ; ailleurs, dans la province d'Ha-tien, par exemple, à peine compte-t-on quelques prosélytes.

Les divers types humains que l'on rencontre dans la colonie sont excessivement nombreux ; je me contenterai d'une simple énumération : le Chinois, l'Annamite, leurs métis ou minuongs, qui, répandus partout, forment surtout deux grandes agglomérations, à Ha-tien et à Cholen ; le Malais, l'Hindou, le Cambodgien, le Cham, et de nombreux sauvages ou moïs, dont les Stiengs sont les moins mal connus.

J'ai recueilli les langues parlées par les Chams et les Stiengs, ce qui n'avait pas été fait encore [1].

Voyons maintenant les principaux types zoologiques de la colonie. M. le directeur du Muséum a bien voulu faire disposer dans les galeries les quelques échantillons que j'ai rapportés, et qui vous donneront peut-être une idée de la richesse de la faune de l'Annam.

La Cochinchine et le Cambodge possèdent plusieurs espèces de Quadrumanes, dont quelques-unes sont représentées par un très-grand nombre d'individus ; le long des arroyos, dans les Palétuviers qui les bordent, sur les collines boisées, au milieu des fouillis inextricables qui forment la plupart des forêts, gambade une foule nombreuse que le voyageur voit fuir de branche en branche avec une rapidité comparable à celle des Oiseaux. Ces Singes appartiennent surtout à deux groupes bien différents, celui des Macaques et celui des Semnopithèques. Un Singe anthropomorphe *(Gibbon)* existe, tout porte à le croire, dans les montagnes de l'Éléphant et de l'est du Cambodge, mais je n'en ai jamais vu d'individus. Quant

[1] Les Chams (ou Tiams) et les Stiengs, vocabulaire et considérations ethnologiques dans les *Annales de linguistique*, de M. Girard de Rialle.

à l'Orang-Outang, il paraît étranger à la faune de la presqu'île indo-chinoise.

Parmi les Macaques, citons le Macaque bonnet chinois, le Macaque roux, le Macaque maimon [1], ce dernier plus rare et plus vigoureux. Beaucoup d'Européens reviennent en France en apportant de ces animaux, dont il existe actuellement un certain nombre au Jardin des Plantes de Paris et au Jardin d'acclimatation ; ils résistent longtemps à notre climat. Notons, en passant, un cas mortel de tétanos traumatique que j'eus l'occasion d'observer chez les deux dernières espèces [2]. Ce groupe de Quadrumanes est plus intelligent, mais moins gracieux que le second, celui des Semnopithèques. Celui-ci se compose de trois espèces au moins ; j'ai eu deux de ces animaux vivants chez moi : le Semnopithèque maure et le Semnopithèque douc à jambes noires (S. nigripes de M. Alphonse Edwards). Le premier [3], très-jeune, était une femelle très-jolie, avec son poil fin de couleur jaune d'or, sa tête légèrement teintée de brun et sa face glabre entièrement noire ; elle fut tuée une nuit par une invasion de ces énormes Fourmis noires à aiguillon que les Annamites appellent *Con-kien-bonhoc*.

Le second [4] était un jeune mâle ; ses couleurs variées lui formaient un habit très-singulier. Qu'on se représente des pantalons noirâtres, une cravate rouge, un manteau et une casquette gris perle, une paire de lunettes jaunes, et une face d'un noir luisant ; il paraissait peu intelligent, timide et très-triste, et poussait fréquemment un cri guttural fort désagréable ; malgré mes soins, il finit par mourir de faim.

La troisième espèce [5], beaucoup plus vigoureuse et à physionomie plus bestiale que les précédentes, ressemble un peu au douc, mais

---

[1] *Con tam vong*, des Annamites ; *Sou-prem*, des Cambodgiens ; *Krabeuthaï*, des Tiams.

[2] *Quatre Observations de tétanos chez le Singe*, présentation à la Société de biologie, séance du 3 avril.

[3] *Con bac-mày*, des Annamites ; *Soa-proh-houm*, des Cambodgiens ; *Kouon*, des Tiams.

[4] *Con giôc*, des Annamites ; *Soa-so*, des Cambodgiens ; *Aoud*. des Tiams.

[5] *Con càkhu*, des Annamites ; *Kralè*, des Tiams.

elle n'a ni la cravate, ni les lunettes, et sa teinte grise est plus uniforme; exclusivement herbivore, elle habite en troupe la montagne
Nui-ba-dinh ou montagne de la Dame-Noire, près de Tayninh.

Les Chéiroptères sont excessivement nombreux ; les pagodes,
comme je l'ai dit, sont tapissées de Chauves-Souris ; la nuit, dans
les cases incomplétement closes que nous habitons, elles pénètrent
en foule et rendent involontairement service en dévorant les moustiques, mais sont redoutées des naturalistes à cause des rapines
qu'elles se permettent dans les collections d'insectes qui ne sont
point parfaitement closes.

Une grande espèce, la Roussette édule [1], de la grosseur d'un petit
Chat, a une petite tête fort intelligente et une belle pelisse jaune ;
elle dévaste les plantations de bananes, A Tu-duc, le soir, on les
voit par grandes bandes se diriger du côté des vergers. Les indigènes
les surprennent le jour et les vendent au marché amarrées à un
bambou ; elle font, disent-ils, d'excellent bouillon ; jusqu'ici, je les
ai crus sur parole. Les Européens de la colonie appellent ces
Roussettes Vampires, mais ne les accusent pas des mêmes goûts
sanguinaires que celles de l'Amérique.

Les Carnassiers abondent en Cochinchine et au Cambodge. A tout
seigneur tout honneur : le Tigre, ou plutôt monsieur le Tigre [2]
règne fort despotiquement dans les grandes forèts de l'est et même
dans les marécages de l'ouest. Il n'est ni moins puissant ni moins
beau que celui de l'Inde, et bien qu'il rende peut-être service d'une
manière générale en restreignant le nombre des grands Ruminants,
le goût dépravé qu'il professe pour la chair humaine a fait mettre
partout sa tête à prix. Le gouvernement donne cent francs pour
chaque Tigre abattu, et cent francs, c'est une fortune pour un
Annamite. Mais le monstre recule peu à peu devant l'Européen,
et ses déprédations sont beaucoup moins redoutées.

La Panthère [3], moins puissante, est plus dangereuse peut-être.

---

[1] *Con doiqua*, des Annamites ; *Petieu-tombri,* des Stiengs.

[2] *Hon cop*, des Annamites ; *Kla*, des Cambodgiens, des Stiengs ; *Ramon*, des Tiams.

[3] *Con béo*, des Annamites ; *Kla-an-krut*, des Cambodgiens ; *Remon-pomoueu*,
des Tiams.

J'ai vu à Tayninh *(Paix de l'Occident)* une Panthère à laquelle un Annamite avait coupé la gorge au moment où elle déchirait son père. On donne pour la Panthère la même prime que pour le Tigre.

Les Félins de taille inférieure sont fort nombreux en espèces, et elles sont loin d'être toutes déterminées. Citons cependant une Civette très-odorante et qui pourrait être exploitée, deux espèces au moins de Paradoxures, jolis animaux, dont une, le Paradoxure-type [1], peut-être apprivoisée et rendre dans les maisons le même services que le Chat ; il est vrai qu'alors il ne souffre pas que ce dernier habite le même logis que lui. Son port est à peu près celui de la Civette.

Le Chat [2] est un des animaux domestiques les plus répandus dans l'Annam. C'est une espèce plus petite que celle de France, mais s'en rapprochant beaucoup. Un trait qui la caractérise, et que M. Bocourt avait observé aussi à Siam, est la conformation bizarre de la queue. A peine long de quelques centimètres, cet appendice est plusieurs fois contourné sur lui-même comme s'il avait suivi plusieurs luxations en sens inverse. Cette conformation est parfaitement héréditaire et non mécanique, j'ai pu m'en assurer plusieurs fois.

Les Chiens [3] sont nombreux : chaque maison en possède quelques-uns ; mal nourris, peu caressés, ces animaux sont en tout inférieurs à ceux de l'Europe. Leur port est assez spécial : une taille moyenne, un poil ras, jaunâtre ou bigarré, les oreilles constamment droites et un râtelier formidable. Je n'ai pas rencontré de représentants de cette curieuse espèce sans poil qui fut rapportée en France lors de l'expédition de Chine. L'Annamite mange volontiers un rôti de Chien, suivant en cela les habitudes culinaires des Chinois. Dans quelques parties de la Cochinchine, ces animaux sont très-utiles quand on chasse le Buffle sauvage ; ils harcèlent et

[1] *Con chôn-muop*, des Annamites ; *Xompoh heut*, des Cambodgien ; *Paifé*, des Stiengs et *Media*, des Tiams.

[2] *Con mèo*, des Annamites ; *Sma*, des Cambodgiens et des Stiengs ; *Manièou*, des Tiams.

[3] *Con chò*, des Annamites ; *Ské*, des Cambodgiens ; *Asao*, des Tiams.

occupent l'ennemi, qu'on peut tirer alors à loisir. Il existe de nombreux métis de Chiens annamites et français ; leurs oreilles sont
habituellement tombantes, mais excessivement petites. Quant aux
chiens de pure race européenne, que l'on amène assez souvent dans
la colonie, ils ne rendent pas, pour la chasse, tous les services
qu'on serait en droit d'en attendre ; le soleil les rend paresseux et
les fatigue, les hautes herbes et les bambous déchirent leurs oreilles,
et l'humidité, trop intense, leur fait perdre beaucoup de leur flair,
sans compter la lourde dîme que le Tigre prélève assez volontiers
sur eux. Une race complétement sauvage existe, mais il ne m'a
pas été donné de m'en procurer des échantillons.

La Loutre [1] est fort commune et très-susceptible d'attachement.
J'en ai gardé quelque temps une qui me suivait partout et se mon-
trait fort sensible aux caresses.

L'Ours [2] de Cochinchine est l'*Ursus malayanus* ou Ours des
Cocotiers, animal non redoutable à l'homme ; il se nourrit surtout
de fruits et de miel, mais ne dédaigne point la chair. Un peu moins
grand que notre Ours des Alpes, il a le poil noir et serré, très-
doux, peu long, le museau et les lèvres pâles, et au cou une magnifique et large collerette, ou mieux, un hausse-col d'un beau jaune
doré. Pris jeune, il s'apprivoise et montre beaucoup d'affection
pour son maître. J'ai apporté au Jardin des Plantes une jeune
femelle qui résiste très-bien à notre climat. On a parlé d'une autre
espèce d'Ours à poil plus clair et sans hausse-col : je ne l'ai jamais
rencontrée.

Parmi les Ruminants, citons le Bœuf domestique analogue au
Zèbu de l'Inde, bien que souvent sa bosse soit peu prononcée.
C'est une espèce, de taille assez petite et qui doit comprendre plusieurs variétés ; une autre des plus intéressantes est celle des Bœufs
trotteurs, qui traînent avec une allure assez rapide les véhicules à
deux roues non suspendus, dont on se sert dans l'est pour fran-
chir les grandes distances. Dans l'intérieur existent plusieurs es-

---

[1] *Con Rai-cùi*, des Annamites ; *Phé*, des Cambodgiens.

[2] *Con gâu-heo*, « Ours cochon, » des Annamites ; *Kla-khmòum*, « Tigre de miel, »
des Cambodgiens et des Stiengs.

pèces de Bœufs sauvages, les uns de taille moyenne, à petites cor—
nes, encore indéterminés, et une très-grande espèce [1], très-voisine
du *Bos frontalis*, qui a treize paires de côtes, cinq vertèbres sacrés et quatorze caudales, pas de fanon. Il a trois mètres de long
et près d'un mètre et demi de haut. Son poil ras est tout noir, sauf
une étoile grise au front et l'extrémité des pattes qui est jaune ; ses
cornes magnifiques, d'un grain serré, sont énormes, et sa force est
prodigieuse. Il habite surtout les collines boisées du nord-est, mais
n'est pas très-commun. Une autre espèce [2], dont une tête se trouve
dans les galeries du muséum de Paris, sous l'étiquette : Bœuf des
Stiengs, est remarquable par sa hauteur, son poil, d'un gris
bleuâtre, très-ras, son fanon, excessivement développé, et la double
courbure que décrivent ses cornes. Il n'est pas commun dans la
colonie et n'a été domestiqué qu'au Cambodge ; son aspect est assez
farouche. Mais le Ruminant qui caractérise par excellence la basse
Cochinchine, l'esclave ou plutôt l'allié indispensable de l'Annamite, c'est le Buffle [3], *Bos bubalus*, énorme animal à croupe puissante, à cornes excessivement longues et écartées, aplaties à leur
base et rayées de sillons profonds. Sa peau, presque sans poil, est
noirâtre et il est assez bas sur jambes. C'est grâce à lui que les
peuples de l'Indo-Chine défrichent et ensemencent leurs·rizières,
transportent à travers les sentiers des forêts ces lourdes voitures
à roues pleines et grinçantes, chargées de grains et de résine, ou
arrachent aux ornières et aux racines traçantes, de vastes troncs
d'arbres à peine équarris. Doux et bon avec l'indigène, au moindre
signe duquel il obéit, il professe pour notre race une antipathie et
une haine indomptables, qui ont donné parfois lieu à de fâcheux
accidents. Aussi, aujourd'hui, de par la loi, un indigène doit toujours
se tenir à proximité des troupeaux ; sa voix suffit à arrêter une
armée de ces brutes s'ébranlant pour fondre sur un Européen. Le
Buffle existe également à l'état sauvage sur plusieurs points de la

[1] *Con-dinh*, des Annamites ; *Ketinh*, des Cambodgiens ; *Mim*, des Tiams.
[2] *Con bò laï*, des Annamites ; *Kou klaï*, des Cambodgien ; *Lmoo kôn kàn*, des Tiams.
[3] *Con trâu*, des Annamites ; *Krobay*, des Cambodgiens ; *Kreupeuh*, des Stiengs:
Krabao, des Tiams.

colonie ; ses formes sont plus élancées que celles du Buffle domestique, c'est peut-être le Buffle kerabau. La chasse au Buffle est une
des plus attrayantes et des plus dangereuses à la fois que l'on puisse
faire. Dans l'île de Phu-quoc (golfe de Siam), je pris part, le jour de
Pâques 1873, à une grande battue. Un troupeau de Buffles, dépisté
et cerné par une quarantaine d'indigènes et une centaine de chiens,
vint passer dans une clairière où l'administrateur et moi les atten-
dions. C'est un bruit singulier que le galop de ce grand Mammifère
à travers les forêts, et l'on éprouve une certaine émotion quand on
le voit tout d'un coup déboucher. Nous n'eûmes ce jour-là à déplo-
rer la perte de personne, grâce surtout aux Chiens, qui harcelaient
constamment l'ennemi. La chair est bonne et succulente, bien qu'un
peu dure, cela dépend surtout de l'âge. Les peaux et les cornes
forment un article d'exportation très-important.

Les Cerfs de la Cochinchine sont répartis en six espèces, dont
plusieurs sont mal connues et on en décrira certainement de nouvelles. Citons rapidement le Cerf hippelaphe et le Cerf cochon [1] et
le *Cervus vaginalis* [2], si remarquable par le grand prolongement osseux qui supporte une corne courte et trapue. Une grande
et magnifique espèce est le *Cervus sungnai* ou *Panolia Eldii* [3] : le
muséum de Paris en possède une tête et le Jardin des plantes, un
jeune individu. Il habite surtout les grandes clairières de l'est, il
vit en troupeaux. Son grand cou, inquiet, inspecte fréquemment
l'horizon ; du reste, des sentinelles spéciales sont commises à ce
soin ; les cornes, très-grandes, sont d'une forme toute particulière ;
l'aplatissement des extrémités et les digitations qui en naissent ont
fait donner, à cet animal, le nom impropre d'Élan par les chasseurs
européens. Enfin, une dernière espèce, grosse à peine comme un
lièvre, mais plus ramassée, sans cornes, et ayant deux fortes canines
supérieures, est le *Tragulus pygmeus*, le *Kamschil* des Hindoûs [4].

[1] *Con nai*, des Annamites ; *Preuh* ou *Preuss*, des Cambodgiens ; *Tioul*, des
Stiengs ; *Raça*, des Tiams.
[2] *Con man*, des Annamites ; *Thlou*, des Cambodgiens ; *Dioah*, des Tiams.
[3] *Con cà tong*, des Annamites ; *Romann*, des Cambodgiens ; *Aïeunn*, des Tiams.
[4] *Con cheo*, des Annamites ; *Peutiom*, des Cambodgiens ; *Sekoué*, des Stiengs ;
Tiakoé, des Tiams.

C'est un charmant animal que l'on prend au filet en très-grand
nombre, au mois de septembre surtout.

Il n'y a en Cochinchine ni Antilopes, ni Gazelles. La Chèvre y
est rare ; c'est une petite espèce certainement importée et qui ne
peut pas vivre sur tous les points de la colonie ; il n'y en a pas de
sauvages.

Les Moutons existent aussi, mais en petit nombre, et aucune
espèce n'est autochtone ; celle qui résiste le mieux est l'*Ovis steatopyga*, qu'on appelle là-bas Mouton d'Aden, du nom de la colonie anglaise qui nous l'expédie ; le corps est blanc, à laine courte, la tête
et le cou sont noirs. La queue est très-grêle, et à sa base existe une
énorme pelotte de graisse ; sa chair est peu délicate. D'autres espèces européennes ou chinoises sont élevées à Saigon surtout, mais
leur élevage est difficile, et bien qu'on puisse manger du Mouton
depuis quelques années, c'est encore une viande assez chère et
pour ainsi dire de luxe.

Parmi les Pachydermes, citons d'abord l'Éléphant[1] non domestiqué par les Annamites, du moins dans la colonie : il l'est depuis
un temps immémorial par les Cambodgiens ; leur roi Norodom en
possède un grand nombre. En Cochinchine, il n'existe qu'à l'état
sauvage et cause parfois des famines partielles en détruisant toute
la récolte de riz d'un village. C'est une très-grande espèce, sans
doute la même que celle de l'Inde. Le fémur d'un squelette que j'ai
recueilli mesure 1 mètre 11 centimètres de longueur ; ses épiphyses
ne sont pas soudées à la diaphyse. Ce spécimen, que j'espérais
pouvoir vous montrer aujourd'hui, est celui d'un mâle de plus de
3 mètres 50 centimètres de haut. L'ivoire de ces animaux est très-
recherché, mais il n'est pas rare de rencontrer des individus mâles
et adultes n'ayant que deux petites défenses ou une seule assez
développée. Des chasseurs indigènes m'ont même affirmé avoir rencontré des troupeaux entiers dont tous les membres ne possédaient
qu'une seule défense assez forte.

A part son amour immodéré pour le riz et la canne à sucre,

---

[1] *Con Voi*, des Annamites ; *Domrëï*, des Cambodgiens ; *Lemoun*, des Tiams.

c'est un animal peu redouté ; les vieux solitaires seuls font exception. Dans la colonie, comme dans les Indes et en Afrique d'ailleurs, ce sont des animaux dangereux, à caractère irascible et sur lesquels il ne faut tirer que si l'on est sûr de son coup.

Comme tous les Pachydermes, il aime énormément l'eau et la boue et a besoin de son bain quotidien ; il se cache sous les massifs impénétrables des bois pendant les heures brûlantes et va pâturer le matin et la nuit surtout.

Le Rhinocéros [1], animal autrement redouté que l'Éléphant, existe en Cochinchine, mais n'y paraît pas bien commun ; c'est une espèce de grande taille, à une seule corne, laquelle n'est pas très-développée.

Les Annamites et les Chinois ont, sur les vertus médicinales des diverses parties de son corps, les mêmes idées que les Africains à propos du *Keitloa* (Rhinocéros noir). Quand un indigène tue un Rhinocéros, il recueille avec grand soin son sang jusqu'aux dernières gouttes et va porter la corne à un pharmacien chinois, lequel en donne toujours un prix très-élevé, trente ou quarante piastres, par exemple (c'est-à-dire deux cents francs environ) ; il est, du reste, assez rare qu'on en tue.

Le Tapir à dos blanc est inconnu en Cochinchine et au Cambodge. Il est probable qu'il existe au Laos, du moins dans le nord.

Le genre *Sus* est représenté par un Sanglier [2] ; il en existe peut-être deux espèces excessivement communes. Il rappelle assez notre Sanglier d'Europe ; le museau serait peut-être un peu plus long. C'est une bonne chair, surtout si l'animal est jeune.

Quant au Porc domestique de Cochinchine [3], c'est la même espèce que celle de Siam. C'est une horrible bête très-ramassée, très-basse sur pattes, dont le museau se perd dans un vaste triple menton. Il est commun dans tous les villages, et c'est le seul ani-

---

[1] *Con tây*, des Annamites ; *Roméas* ou *Roumeah*, des Cambodgiens ; *Lemeu*, des Tiams.

[2] *Con heo rung*, des Annamites ; *Chroutpréï*, des Cambodgiens ; *Seurpréï* des Stiengs.

[3] *Con heo*, des Annamites ; *Chrout, Trouk*, des Cambodgiens ; *Seur*, des Stiengs ; *Bapouï*, des Tiams.

mal peut-être pour lequel, avec le Buffle, l'Annamite ait un peu d'affection. Il n'est pas rare de le voir remplir, auprès des nouvelles accouchées embarrassées de leurs richesses, les mêmes offices qui, dans nos pays, sont confiés plus volontiers à leurs jeunes frères des races féline ou canine.

Le Porc forme la seule viande de boucherie habituelle des peuples de l'Indo-Chine ; mais c'est une nourriture dangereuse, car il est presque toujours bourré de Cysticerques, et l'on peut prendre à cette source des ténias très-difficiles à expulser.

Les Solipèdes ne comptent pas, dans l'Indo-Chine, de nombreux représentants. Le Cheval annamite ou cambodgien[1], qu'on ne trouve nulle part à l'état sauvage, est la seule espèce de ce groupe. C'est un petit animal, à peine plus grand que les Poneys d'Islande, mais bien plus joli, plein de feu, dur à la fatigue et ne nécessitant pas de grands soins. Il le faut, du reste, car il est très-médiocrement traité par son maître. Un mors à pointe lui durcit cruellement la bouche, et personne ne s'occupe de lui lorsqu'il il est arrivé au terme de sa course. Il n'est pas commun en Cochinchine ; aussi n'est-ce guère qu'à Saï-gon qu'il sert à traîner les voitures publiques. Dans l'intérieur, il sert uniquement de monture, et l'homme comme il faut possède seul un cheval. Un trait caractéristique de cette race, c'est son allure : le cheval annamite va toujours l'amble. Il est généralement de couleur assez claire, et, dans ce cas, une vaste raie noire part de la naissance du cou et va mourir à la naissance de la queue.

D'autres races de Chevaux, des Chevaux égyptiens, qu'on prend habituellement à Port-Saïd, et des Chevaux anglais ont été introduits dans la colonie. Ils servent de monture aux officiers et à quelques négociants. Ces Chevaux résistent bien moins que les Chevaux annamites et perdent beaucoup de leurs qualités.

L'Ane et le Mulet ont été importés, mais sont en nombre excessivement restreint, le premier surtout.

La Cochinchine possède un grand nombre de Rongeurs. Citons

---

[1] *Con ngua*, des Annamites ; *Sèh*, des Cambodgiens, des Stiengs et des Tiams.

le Rat musqué [1], ennemi juré de nos celliers et de nos offices, dont il rend parfois les provisions inabordables ; le Porc-épic [2], les Écureuils [3], les Galéopithèques [4], le lièvre [5]. Le Cochon d'Inde ou *Cobaye* a été importé par les Chinois, mais n'existe qu'à l'état de demi-domesticité.

Une seule espèce d'Édentés est le Pangolin à large queue [6] ; il est à peu près impossible à élever, et c'est un hôte très-désagréable par l'habitude qu'il a de faire de la nuit le jour et de déchirer avec ses grands ongles les poutres et les murs des cases.

De grands Cétacés habitent les mers de la Chine, on en prend rarement à la côte, excepté à Phu-quoc, où ils s'échouent parfois. Mais les pêcheurs, qui les respectent fort, les rejettent alors à la mer.

Le monde des Oiseaux est très-riche en représentants, parés, comme la plupart des espèces tropicales, des couleurs les plus riches et les plus variées. Cette idée, contre laquelle Bolivar s'élevait autrefois, que les Oiseaux des pays chauds ne brillent que par la couleur, mais sont des êtres muets, ou, pour mieux dire, de mauvais chanteurs, se trouve fausse aussi bien pour la Cochinchine que pour l'Amérique du Sud. Beaucoup possèdent un fort joli chant et le font entendre parfois à des heures tellement régulières qu'on pourrait peut-être là-bas faire une horloge ornithologique comme on a fait une horloge de Flore. Il y a surtout un charmant Passereau plus petit que notre Pie, mais de plumage à peu près semblable, que j'ai souvent écouté avec délices. Les bois sont plein du murmure des Tourterelles, et le grand Calao jette souvent aux collines boisées dont il fait son séjour son cri si étrange et si perçant.

---

[1] *Con chuôt xa*, des Annamites ; *Canh đôr preng*, des Cambodgiens ; *Médiabao*, des Tiams.

[2] *Con nhim*, des Annamites ; *Pamah*, des Cambodgiens ; *Kasouh*, des Tiams.

[3] *Con so'c*, des Annamites ; *Komprohk*, des Cambodgiens ; *Pra*, des Tiams.

[4] *Con chôn đòï*, des Annamites ; *Sma ba*, des Cambodgiens ; *Petit*, des Tiams ; *Séhoué sla*, des S.ieugs.

[5] *Con tho*, des Annamites ; *Onnsaï*, des Cambodgiens ; *Tapaï*, des Tiams ; *Sué*, des Stiengs.

[6] *Con truc*, des Annamites ; *Pângroul*, des Cambodgiens ; *Bonioul*, des Tiams.

Les Rapaces sont très-nombreux. Les fleuves sont constamment sillonnés par la serre d'Éperviers à tête blanche[1], qui s'abattent comme une flèche sur un poisson aperçu de plusieurs centaines de pied. Des Aigles[2], d'une assez grande taille, habitent les bois, et les Vautours à cou nu[3] se réunissent par bande sur les nombreuses proies que leur présente le hasard. Comme dans la plupart des pays chauds, ce sont les meilleurs et souvent les seuls agents chargés de veiller à la salubrité publique, mais, du moins, ils s'acquittent fort bien de ces fonctions ; et le soir il n'est pas rare de trouver d'énormes banians chargés de fruits fantastiques ; c'est une bande de Vautours qui reposent à travers le feuillage, digérant gravement le lourd labeur de la journée.

Les Hiboux[4] existent aussi, et sont aussi nombreux que chez nous ; un de ces animaux, d'assez grande taille, vit actuellement au Jardin des plantes.

Les Gallinacées comptent beaucoup d'espèces. Parmi celles qui sont domestiques, citons le Coq ordinaire[5], d'assez grande taille mais à chair médiocre ; la jolie poule frisée, une autre espèce à peau et à chair noirâtres. Le Coq de combat[6], très-fort animal, qui a presque l'aspect d'un Rapace, à cou rouge souvent dénudé de plumes et très-haut sur pattes. Il fait les délices des indigènes, lesquels engagent sur sa tête des paris souvent considérables.

Le Dindon[7] a été importé dans la colonie ; il y vit assez bien, mais n'est représenté que par fort peu d'individus.

Parmi les espèces sauvages, citons le Coq sauvage[8], splendide

---

[1] *O' vách tác*, des Annamites ; *Ot*, des Cambodgiens ; *Klan*, des Tiams.

[2] *Phung-hoàng*, des Annamites ; *Sach inh-tri*, des Cambodgiens ; *Pohak*, des Tiams.

[3] *Kênkên*, des Annamites ; *Tamat*, de Cambodgiens ; *Nken*, des Stiengs ; *Kreu*, des Tiams.

[4] *Chim-meo*, des Annamites ; *Mian, mim*, des Cambodgiens ; *Tim-maniéo*, des Tiams.

[5] *Gà trông*, des Annamites ; *Monn Smôl*, des Cambodgiens ; *Ia-klao*, des Stiengs ; *Manou*, des Tiams.

[6] *Gà choï*, des Annamites ; *Mon pro chôl*, des Cambodgiens ; *Manou ho*, des Tiams.

[7] *Gà tay*, des Annamites.

[8] *Gà rùng*, des Annamites ; *Monn preï*, des Cambodgiens ; *Menou klaï*, des Tiams.

animal, de taille plus petite que le domestique, mais à coloration éclatante ; c'est un gibier très-estimé.

Les bois regorgent de Faisans et de Paons. Le Faisan [1] de l'Indo-Chine est un animal d'une grande beauté ; sa tête est ornée d'une aigrette, malheureusement il est très-difficile à élever même dans sa patrie. Le Paon [2] est peut-être l'oiseau le plus beau de la faune ornithologique, il vit en demi-liberté dans beaucoup de villages. C'est un gibier très-estimé, et je me rappelle encore avec reconnaissance certain potage au Paon confectionné dans les bois de Tay-ninh. Malheureusement le Tigre professe à l'égard de cet animal la même prédilection gastronomique que l'homme, et c'est un dicton très-usité chez les chasseurs que là où il y a du Paon il y a du Tigre.

Les Pigeons comptent aussi de très-nombreux représentants ; les espèces domestiques diffèrent très-peu des nôtres, mais les sauvages sont très-nombreuses et très-belles. Le Pigeon de Nicobar, appelé là-bas Pigeon de Poulo-Condor, du nom de l'île où nous le rencontrons exclusivement, est un gros oiseau à ailes vertes et à queue blanche très-courte. Les mâles ont autour du cou une belle collerette de longues plumes, dont l'éclat est absolument métallique. Le Pigeon vert *(Columba Persica)* [3], plus petite espèce, est commun dans tous les bois, et de nombreuses Tourterelles [4] à collier blanc bleuâtre et noir à plusieurs étages, se rencontrent fréquemment sur les Banians surtout. Les Cailles [5], très-petites et à chair excellente, et les Perdrix [6] se rencontrent partout. Ces dernières perchent, habitude qui étonne fort les chasseurs européens.

Dans un pays aussi riche en rizières, il n'est pas étonnant que

[1] *Gà lôï*, des Annamites ; *Mantô*, des Cambodgiens ; *Irbreuon*, des Stiengs ; *Tiakoueu*, des Tiams.

[2] *Công*, des Annamites ; *Kagnôt*, des Cambodgiens ; *Prähn*, des Stiengs ; *Hamra*, des Tiams.

[3] *Cu-xanh*, des Annamites ; *Popoul*, des Cambodgiens ; *Boboul*, des Tiams.

[4] *Taop*, des Stiengs.

[5] *Cút*, des Annamites ; *Krouït-hüt*, des Cambodgiens ; *Oua*, des Tiams.

[6] *Dada*, des Annamites ; *Tatéa*, des Cambodgiens ; *Taa*, des Tiams ; *Téta*, des Stiengs.

les Palmipèdes soient excessivement nombreux ; les Canards [1] et les Sarcelles [2] foisonnent ; les Oies [3], par contre, paraissent assez rares ; je n'affirmerai pas qu'elles appartiennent à la faune ornithologique autochtone. Les Pélicans [4] sont très-nombreux et font l'ornement de maints jardins particuliers.

Parmi les Échassiers citons plusieurs espèces de Cigognes, dont un Marabout [5] qui atteint là-bas une taille excessivement grande. Avec ses ailes noires et son ventre blanc, on le prend fréquemment de loin pour un indigène ; il s'apprivoise très-bien, mais alors il faut surveiller ses allures, car une de ses habitudes favorites est de voler dans la cuisine le repas de ses maîtres. Il professe aussi une grande horreur pour les Mammifères, surtout les chiens, contre lesquels il se défend avec succès.

La Grue isabelle *(Grus torquata)* [6] est moins commune mais se prend encore assez facilement, surtout dans l'ouest. J'en ai connu une au fort de Chau-doc ; elle se promenait librement partout et tendait curieusement sa tête à chaque nouveau venu.

Les Ibis existent aussi dans les grandes rizières, ainsi que les belles Aigrettes blanches [7] et grises, dont le cou inquiet observe constamment l'horizon. Les Poules d'eau [8] sont très-communes, dans les plaines de l'ouest surtout, ainsi que la Poule sultane [9] *(Porphyrio smaragdinus)*, si jolie avec sa poitrine azur et sa tête pourpre ; elle s'apprivoise très-bien et devient très-familière, mais alors elle est assez jalouse de l'affection du maître et pique dru les jambes des étrangers.

Les Bécassines [10] sont très-abondantes pendant la saison des pluies

---

[1] *Vit*, des Annamites ; *Téa*, des Cambodgiens ; *Atà*, des Tiams, *Tâ*, des Stiengs.
[2] *Lélé*, des Annamites.
[3] *Gnon*, des Annamites ; *Kagnan*, des Cambodgiens ; *Atâ-kagnan*, des Tiams.
[4] *Tàng-bé*, des Annamites ; *Toun*, des Cambodgiens, *Broniao*, des Tiams.
[5] *Già day*, des Annamites ; *Tadok*, des Cambodgiens et des Tiams ; *Tada*, des Stiengs.
[6] *Kouh*, des Tiams.
[7] *Con gàn*, des Annamites ; *Kokso*, des Cambodgiens ; *Ko*, des Tiams.
[8] *Gà nuoc*, des Annamites ; *Monn tùc*, des Cambodgiens ; *Iétah* des Stiengs.
[9] *Trich*, des Annamites ; *Prohiét*, des Cambodgiens ; *Teloumtoum*, des Tiams.
[10] *Monhàc*, des Annamites ; *Prokék*, des Cambodgiens ; *Tiao, Tio*, des Tiams.

et leur chasse est une des distractions favorites des colons. Mais c'est une des plus dangereuses à cause des bains de boue et d'eau saumâtre qu'elle oblige trop souvent à prendre. La Plaine des Tombeau, près de Sai-gon, est remplie de ces oiseaux pendant certains mois de l'année.

Parmi les très-nombreux Passereaux et Grimpeurs, citons une espèce de Corbeau[1] un peu moins grosse que l'espèce européenne, mais qui lui est, du reste, absolument semblable; elle rend de véritables services et possède toutes les qualités intelligentes qui distingent celle de nos climats. Il y a là-bas un proverbe qui dit : « Œil perçant comme celui du corbeau. »

De nombreuses espèces de Merles, dont une est très-largement tachetée de blanc[2], suivent les grands troupeaux de Ruminants, qu'elles débarrassent de leurs parasites et auxquels elles annoncent l'approche de l'Européen en s'envolant avec de grands cris. Ils sont très-faciles à apprivoiser et apprennent assez bien à parler. Une espèce voisine, le *Mainatus religiosus*[3], très-bel Oiseau à plumage noir et à collerette jaune d'or, fait surtout les délices des Annamites; il est presque impossible d'acheter ceux qui ont reçu une éducation complète ; c'est l'hôte habituel des maisons des notables. Les colons l'appellent Merle mandarin.

Les Moineaux[4], très-nombreux, sont de la même espèce que le Moineau de Singapoore ; plus petits et plus clairs de teinte que les nôtres, ils se rencontrent partout.

Les Hirondelles[5], de taille assez petite, se trouvent sur tous les points de la colonie, et l'espèce dite Salangane[6] abonde sur certains

---

[1] *Qua,* des Annamites; *Chap-srôc, kahek,* des Cambodgiens; *Ha,* des Tiams; *Kon-tek,* des Stiengs.

[2] *Sào tràu,* des Annamites; *Srakakeo* ou *Sraka-krobay,* des Cambodgiens ; *Trao hé,* des Tiams; *Saka-kreupeu,* des Stiengs.

[3] *Sào nhông, Sanh,* des Annamites; *Saku kéo,* des Cambodgiens, *Trao-atan,* des Tiams.

[4] *Tiapsro,* des Cambodgiens, *Calao,* des Tiams.

[5] *En, Yên,* des Annamites; *Tro-chiêt-klong,* des Cambodgiens ; *Klamoung,* des Tiams.

[6] *Sàch-rompê,* des Cambodgiens.

points de la côte. Une espèce d'Engoulevent [1] se rencontre très-souvent à la tombée de la nuit.

Citons encore d'innombrables Perruches [2] qui caquettent dans les bois ; il en existe deux espèces très-jolies, d'une taille assez petite. Ces Oiseaux résistent mal à nos climats, et il est très-difficile de les apporter en France, tandis que leurs congénères de l'Amérique vivent fort bien chez nous. De nombreux Pics auscultent l'écorce des grands arbres et les délivrent des insectes. Enfin une fort jolie Huppe [3], peu commune, habite les bois d'Ha-tien.

Cinq espèces au moins de Martins-pêcheurs, dont une de très-grande taille [4], habitent les bords des arroyos ; une espèce blanche, striée de noir, ne se rencontre qu'aux environs de Chau-doc et dans le canal d'Ha-tien.

Les collines boisées, celles de Tay-ninh notamment, recèlent deux espèces de Calaos, une dont la taille est considérable [5] et une seconde plus petite [6]. Leur cri perçant et particulier leur a fait donner leur nom annamite.

Le monde des Reptiles a été de ma part l'objet d'observations particulières et nombreuses, et, si je puis dire, je l'ai étudié avec amour. Il est richement représenté au Cambodge et en Cochinchine. Tandis que la France, par exemple, ne possède pas une dizaine d'espèces d'Ophidiens, notre colonie en compte une quarantaine au moins, et toutes ne sont certainement pas connues.

Parmi les espèces venimeuses, citons ces nombreux Hydrophis, seuls représentants de l'ordre, qui nagent dans la mer dont ils traversent souvent des bras considérables ; les Trimeresurus [7], ser-

[1] *Chim da'p muôi*, des Annamites ; *Pohpla'c*, des Tiams.

[2] *Két*, des Annamites ; *Sé'k, Sè*, des Cambodgiens ; *Tiatâa*, des Tiams ; *Tét*, des Stiengs.

[3] *Go kiên*, des Annamites ; *Bdiéh*, des Tiams ; *Soséh, Bahiap*, des Cambodgiens.

[4] *Sasa-ca'*, des Annamites ; *Bahai*, des Tiams ; *Chochot, Tetiat*, des Cambodgiens.

[5] *Cac-càt*, des Annamites ; *Con-keng, Kok*, des Cambodgiens ; *Go*, des Stiengs ; *Trann*, des Tiams.

[6] *Hông-hoanj, Hoang-hoang*, des Annamites ; *Cuc-çuc, Kbaltoït*, des Cambodgiens ; *Konken*, des Stiengs ; *Balakian*, des Tiams.

[7] *Ran-luc*, des Annamites ; *Pô'h-né'tt*, des Cambodgiens ; *Allah-diambak*, des Tiams ; *Po-ségo*, des Stiengs.

pent vert à forme de vipère, les Bongares annelés [1], les *Callophis* [2], le Cobra capelle ou *Naja tripudians*, appelé *Conran-ho-ngeua* par les Annamites, c'est-à-dire Serpent-Cheval, à cause de la façon dont il porte sa tête [3]. Il est très-fréquent dans la colonie, et cependant, fait véritablement inexplicable, on n'a pas noté de cas de mort causé par ces divers Ophidiens, qui, non loin de la Cochinchine, dans l'Inde anglaise, font annuellement périr des milliers d'individus. C'est une anomalie, je l'avoue, mais c'est un fait exact et d'observation. Les indigènes, cependant, se promènent jour et nuit pieds et jambes nus par tous les chemins; moi-même, qui, par la nature de mes études, ai dû plusieurs fois me saisir de ces divers Ophidiens, je n'ai jamais couru de dangers sérieux. Cependant, sur les nombreux Reptiles que j'ai apportés au Muséum, on en compte au moins une trentaine de venimeux.

Quant aux espèces non venimeuses, on peut les répartir en quatre catégories principales : Serpent d'arbres, Serpents de sables et de rochers, Serpents amphibies et Serpents aquatiques.

Parmi les premiers, citons ces splendides et sveltes *Passerita myclerizans* [4], cette magnifique *Chrysopelea* [5], que Gunther appelle avec une admiration que je partage « le plus beau de tous les Serpents, » les nombreuses *Dipsas multimaculata* [6]. Parmi les autres, les nombreux Pythons, dont une espèce (*Python reticulatus)* [7] habite la plupart des cases annamites, où il dévore les Rats, les Tropidonotes, les *Cerberus*, les *Compsosoma radiatum* [8], et enfin ce curieux Reptile, l'Herpeton tentaculé [9], dont l'ali-

---

[1] *Mài-giàm*, des Annamites, *Po-kraï*, des Stiengs; *Pô'h-rum-chek*, *Pô'h-chea*, des Cambodgiens.

[2] *Vù-na*, des Annamites ; *Pôh-dëï*, des Cambodgiens.

[3] *Nen egaion-gèrai*, des Tiams ; *Nêt-niêm*, des Cambodgiens.

[4] *Ran roi*, des Annamites ; *Pô'h-khsèkou*, des Cambodgiens ; *Allah-lemoun*, des Tiams, *Po-koh*, des Stiengs.

[5] *Ran-hôtmè*, des Annamites.

[6] *Ràn-rào*, *Ràn dat nha*, des Annamites ; *Po slengbar*, des Stiengs, *Pôh ouék oun kep*, des Cambodgiens.

[7] *Con tran*, des Ann. ; *Thlanh*, des Cambodg. ; *Klan*, des Tiams ; *Slan*, des Stiengs.

[8] *Ràn-lay*, des Annamites ; *Pô'h-prolutt*, des Cambodg. ; *Po-han-soom*, des Stiengs.

[9] *Ran ràu* ou *Serpent à barbe*, des Annamites, *Pô'h-trao*, *Po'h samélan*, des Cambodgiens ; *Allah ia*, des Tiams.

mentation mixte, animale et végétale, est encore un fait isolé dans l'histoire de l'hygiène alimentaire des Ophidiens ; il a été l'objet d'une communication que M. le professeur Blanchard a bien voulu faire en mon nom à l'Institut et d'une Monographie dans le *Journal de Physiologie* de Milne-Edwards.

Une espèce de très-petite taille vermiforme, le *Typhlops Braminus* [1], habite dans la terre meuble et sous les pierres. Bien que cet animal soit inoffensif, les indigènes et les colons européens ont pour lui une horreur invincible. Ces derniers l'appellent *Serpent minute*, prétendant que la mort saisit avec rapidité les malheureux qu'il a mordus !

Ces Reptiles sont là-bas tellement communs, qu'il m'a été possible de recueillir, dans les divers postes de la colonie que j'ai habités sucessivement : Go-cong, Ha-tien, Phu-quoc, Tay-ninh et Sai-gon, plusieurs centaines d'individus.

Les Sauriens sont aussi fort nombreux. Les Crocodiles *(Crocodilus porosus)* [2] abondent dans toutes les rivières et font partie de l'alimentation de l'indigène. Des parcs considérables existent à Cho-len et à My-tho ; ils consistent simplement en des cordons d'énormes pieux et sont placés sur la berge des arroyos ; là grouillent pêle-mêle plusieurs centaines d'animaux que l'on prend au fur et à mesure des nécessités de la consommation. Cet animal n'est pas redoutable à l'homme, comme il l'est dans d'autres colonies, et les Buffles peuvent partout prendre leur bain quotidien sans être aucunement inquiétés.

Les Varans [3] et les Hydrosaures, énormes Lacertiens, se rencontrent parfois dans les rivières, où ils nagent fort bien, grâce à leur puissante queue ; ils viennent là pour dévorer les cadavres des Mammifères qu'entraîne le courant ; mais on les trouve plus volontiers encore dans les grandes forêts, dont ils escaladent très-vite

---

[1] *Ran trun*, des Annamites ; *Po'h preng*, des Cambodgiens ; *Allah toui*, des Tiams.

[2] *Sâu*, des Annamites ; *Kropeu*, des Cambodgiens ; *Krepeu*, des Stiengs ; *Bahia*, des Tiams.

[3] *Kydà*, des Annamites ; *Tra-cuot*, des Cambodgiens ; *Neussaon-mouroud*, des Tiams ; *Painso*, des Stiengs.

les arbres les plus lisses à l'aide de leurs ongles très-longs et très-
aigus.

Le *Physignathus mentager*[1] atteint parfois une grande taille
dans les forêts de Phu-quoc, et les *Calotes versicolor*[2], très-jolis
Iguaniens, habitent les Tamariniers des promenades de Sai-gon ;
rien de plus rapide que leurs mouvements en zigzag autour de ces
arbres et de plus surprenant que leurs changements de couleur ;
tous ces animaux vivent surtout d'insectes.

Les Dragons *(Draco tœniopterus)*[3] habitent la colonie, mais
paraissent être bien plus nombreux dans les îles (Phu-quoc, Poulo-
Condor) que sur le continent.

De nombreux Geckotiens habitent les arbres et surtout l'intérieur des habitations : le grand *Gecko guttatus*[4] pousse, dans le
silence des nuits, son cri caractéristique et qui lui a fait donner
partout le même nom, ainsi que les petits *Hemidactylus*[5], qui
se pressent sur les murs et le plafond à la poursuite des insectes
qu'attire la lumière des lampes. C'est un des étonnements du nouveau venu que l'existence de ces hôtes involontaires.

Dans les plaines et le long des ruisseaux courent les longs et
agiles Tachydromes et les Scinques[6] à couleur sombre et comme
vernissés ; enfin il existe aussi dans la colonie une espèce de Seps
très-rare dont je n'ai vu que deux individus.

Le Camaléon manque à la faune de l'Annam.

Les Tortues sont également très-nombreuses en individus et en
espèces et offrent à l'alimentation une ressource précieuse. Parmi
les Tortues de mer, citons une espèce de très-grande taille qu'on

---

[1] *Càng-tom*, des Annamites ; *Chiass*, des Cambodgiens ; *Peutaimouroud*, des
Tiams.

[2] *Ky-nhon, cat-ké*, des Annamites ; *Pàn-cuoi*, des Cambodgiens ; *Pokoué*, des
Tiams ; *Pankoué*, des Stiengs.

[3] *Kaké-khan, Kakèkiên*, des Annamites ; *Tiakoé paheu*, des Tiams, *Sekouislap*,
des Stiengs ; *Poh-koui-mian-slap*, des Cambodgiens.

[4] *Càt-ké*, des Annamites ; *Také*, des Tiams et des Cambodgiens ; *Také*, des Stiengs
et *Tokaie*, des Colons.

[5] *Thàn-lan*, des Annamites ; *Chodot, Tiatiak*, des Cambodgiens ; *Tatiak*, des
Tiams ; *Kentiap*, des Stiengs, *Margouilla*, des colons.

[6] *Ràn-mòi*, des Annamites ; *Allah deglan*, des Tiams ; *Khlong*, des Cambodgiens.

prend en grand nombre à Hat-ien et dont j'ai rapporté des têtes assez belles ; une autre espèce, voisine de la Tortue Caret, habite les côtes de l'île de Phu-quoc, où l'on travaille son écaille, avec laquelle les Annamites fabriquent surtout des peignes dont hommes et femmes sont excessivement fiers.

Parmi les Tortues terrestres ou fluviatiles, citons une énorme Trionyx[1] ; elle atteint une taille considérable et fournit une chair excellente ; sa carapace n'est dure que dans la partie centrale, et le cou, très-long, permet à l'animal de se retourner prestement s'il est mis sur le dos. Ses mandibules puissantes font de cruelles blessures et brisent un rotin gros comme deux doigts.

La Cuora ou Cistude d'Amboine[2] est très-commune aux environs de Tay-ninh. Une charnière divise en deux lobes le plastron, qui peut ainsi mettre l'animal complétement à l'abri. Le cercle jaune d'or qui entoure le dessus de la tête est très-joli, mais devient blanc dans l'alcool.

Il existe encore quelques autres espèces de Chéloniens, dont je me propose de donner plus tard une liste complète.

L'absence de Batraciens *urodèles* ou à queue est un des traits qui paraît caractériser la faune de l'Annam. On n'y rencontre, en effet, aucune Salamandre ; une espèce spéciale, à forme d'Ophidien ou d'Annelé, l'*Epicrium glutinosum*, abonde dans la terre meuble du pied des haies ; un énorme Crapaud[3], allié peu récompensé de l'homme, fait aux Fourmis une chasse très-active : il est intéressant de le voir se promener le long d'un passage de ces Hyménoptères et darder rapidement sa langue sur la foule pressée ; une autre espèce de Crapauds à doigts de Rainette, la *Callula pulchra*, la Grenouille-Bœuf des Européens, *Anh uong*[4] des Annamites à cause de son cri, trouble constamment les nuits de

---

[1] *Cua-dinh*, des Annamites ; *Kentai*, des Stiengs ; *Cânthêy*, des Cambodgiens.

[2] *Rùa nap*, des Annamites ; *Nprunkbatmok*, des Stiengs ; *On dot bet mout*, des Cambodgiens ; *Dèo kaga*, des Tiams.

[3] *Còc*, des Annamites ; *Kingcok*, des Cambodgiens ; *Eikinkoh*, des Stiengs ; *Ago*, des Tiams.

[4] *Anh-uong*, des Annamites ; *Hingh haon*, des Tiams ; *Hing*, des Cambodgiens ; *Heit*, des Stiengs.

l'hivernage par ses bruyants et monotones concerts : elle est muette, par contre, pendant toute la saison sèche ; j'ai remarqué, de plus, qu'à chaque coup de tonnerre un peu énergique, le chant de ces singuliers musiciens cessait aussitôt pour reprendre ensuite. Il existe aussi de vraies Rainettes et des Grenouilles nombreuses, dont une très-grande espèce [1] forme un excellent manger ; sa chair rappelle fort le goût de la chair du Poulet.

Les Échassiers et les Ophidiens surtout restreignent énergiquément le nombre par trop considérable de ces diverses espèces de Batraciens.

Les rivières de la Cochinchine et la mer qui baigne ses bords regorgent d'une multitude de Poissons qui, pour la plupart, forment la partie azotée de la nourriture annamite. Les Raies, les Soles, le Poisson des rizières, celui du Grand-Lac, qui rappelle la Morue comme goût, la Sardine à *nuocmam*, l'Anguille [2], sont les plus communs et les plus estimés à la fois.

Une espèce de Cyprin, le Poisson de combat [3], mérite d'être cité pour la part qu'il prend dans les réjouissances indigènes. Deux de ces Poissons minuscules, placés doucement dans un même récipient, engagent ensemble une lutte qui ne cesse que lorsqu'un des deux se reconnaît vaincu. Pendant la lutte, leurs corps, d'un gris assez terne habituellement, s'irise des couleurs les plus admirables : le tronc semble un damier azur et ébène ; les nageoires, la queue, gonflées comme les voiles d'un bateau, brillent du vert le plus métallique ou de la pourpre la plus pure. On engage souvent des paris considérables sur ces singuliers petits combattants.

Une autre Poisson intéressant est une espèce de Macropode, qui nage comme un Mammifère, la tête hors de l'eau, et chemine assez bien à terre à l'aide de ses nageoires, avec lesquelles il peut aussi grimper sur les racines assez élevées des Palétuviers. Il se creuse dans la vase un nid circulaire qui renferme un trou où le Poisson

[1] *Ech, ét*, des Annamites ; *Kouenkep*, des Cambodgiens ; *Kio, kéò*, des Tiams.
[2] *Luon*, des Annamites ; *Lanoun*, des Tiams ; *Nnton*, des Cambodg. et des Stiengs.
[3] *Con cà teia-teia*, des Annamites ; *Neugeuton* ou *Anul kram*, des Tiams ; *Tréi-kram-tioul*, des Cambodgiens ; *Catiolakana*, des Stiengs.

s'introduit à reculons. Citons encore des Squales assez nombreux, une espèce de Remore, commune près d'Ha-tien, des Hippocampes et des Syngnates.

Le groupe des Insectes est peut-être celui qui, après le groupe des Reptiles, offre le plus d'intérêt au naturaliste. Les Hyménoptères, les Hémiptères, les Lépidoptères, les Coléoptères surtout paraissent fort riches en espèces. Parmi les premiers, citons de gigantesques Fourmilions [1] et une quantité de Libellules [2] qui volent constamment en formant des nuages irisés jusque dans les rues de Sai-gon. Les Hyménoptères nous présentent de nombreuses espèces : les Abeilles [3], dont une de très-petite taille, fournissent un miel estimé, d'énormes Xylocopes beaucoup plus grosses que la Xylocope violette bourdonnent autour des fleurs des Lianes, surtout de la Liane d'argent ; les Guêpes et de grands Chrysis sont très-nombreux ; et les Fourmis ne comptent pas moins de dix espèces dont les principales sont : la grosse Fourmi rouge [4] qui habite les arbres et les fleurs ; une autre de même couleur, petite, à morsure très-douloureuse [5] ; une troisième qui compte des individus à taille minuscules, noirs, et d'autres vraiment gigantesques [6] ; enfin cette longue Fourmi à aiguillon [7] dont les incursions dans les habitations pendant la saison des pluies sont si redoutables aux animaux que l'homme garde dans ses demeures.

Les Hémiptères nous offrent de gigantesques Bélostomes [8] que les Annamites mangent fort bien après les avoir fait frire dans de la graisse, d'énormes Géocorises [9] à fantastiques antennes et de nom-

---

[1] *Cut*, des Annamites ; *Cruch-kxach*, des Cambodgiens.

[2] *Chûòn-chûon*, des Annamites ; *Canhtoumrui*, des Cambodgiens ; *Akontoumto*, des Stiengs ; *Timkae, Timkeu*, des Tiams.

[3] *Ongmát*, des Annamites ; *Kh'moum*, des Cambodgiens ; *Kmoum*, des Stiengs ; *Ani*, des Tiams.

[4] *Kiên-vàng*, des Annamites ; *Atomsao*, des Tiams ; *Kraon, Ankraon*, des Cambodgiens ; *Sentrat*, des Stiengs.

[5] *Kiên-lua*, des Annam. ; *Senha*, des Stiengs ; *Sromòsch phlom*, des Cambodgiens.

[6] *Kiên cang*, des Annamites ; *Smoït*, des Stiengs ; *Sromoch*, des Cambodgiens.

[7] *Kiên bònhot*, des Annamites ; *Xanu*, des Cambodgiens ; *Senhaqua*, des Stiengs ; *Atom-kreumé*, des Tiams.

[8] *Cà cüong*, des Annamites.

[9] *Con hong*, des Annamites ; *Bò xich*, des Cambodgiens.

breuses cigales [1] à voix très-criarde. Quant aux Lépidoptères, ils atteignent dans la colonie une taille et une beauté extraordinaires ; malheureusement il est fort difficile de préserver ces collections de l'humidité et des Insectes. Parmi les Coléoptères qui donnent à la faune sa physionomie spéciale, il faut citer les Sagres, énormes Altises rouges, violettes et or ; des Cicindélètes bleus, à corps excessivement fin et allongé ; d'énormes Buprestes dorés [2] et à bande orange [3] ; de grands Taupins, de nombreux Lamellicornes et Longicornes, quelques-uns de très-forte taille ; enfin, les Charançons acquièrent là-bas des dimensions exagérées ainsi que les Brachines [4], qui laissent sur le doigt, quand on les saisit, une tache d'un noir intense, laquelle ne disparaît qu'avec la chute de l'épiderme. Les Orthoptères sont représentés par de belles Mantes [5], d'énormes Sauterelles [6], de nombreux Grillons [7], des Courtilières [8] plus petites que les nôtres et diverses espèces de Phasmes ; la Phyllie feuille morte paraît étrangère à la faune de la Cochinchine. A côté de ces beautés entomologiques, il faut citer les fléaux, les ennemis du repos de l'homme, que l'on retrouve du reste par tous pays, mais qui paraissent plus nombreux sous les tropiques : les *Blattes* ou *Cancrelats* [9], les Moustiques [10], et les Termites [11]. Ces derniers, il est vrai, sont aussi bien nos alliés que nos ennemis et, grâce à ces innombrables petits ouvriers, les cadavres des végétaux et des

[1] *Ve*, des Annamites ; *Atieu*, des Tiams ; *Rày*, des Cambodgiens ; *Krei*, des Stiengs.

[2] *Quit*, des Annamites ; *Komphêm, Kamphen,* des Cambodgiens et des Stiengs; *Tiammeuh*, des Tiams.

[3] *Qùit-tàu*, des Annamites ; *Komphen klo*, des Stiengs ; *Komphêm shoum, Komphêm toum*, des Cambodgiens ; *Tiammeuh tanào*, des Tiams.

[4] *Ban-mieû*, des Annamites.

[5] *Ngua troi*, c'est-à-dire Cheval céleste, des Annamites ; *Canh dopsch*, des Cambodgiens.

[6] *Bòcaò*, des Annamites ; *Kendo*, des Stiengs ; *Katok*, des Tiams.

[7] *Dê*, des Annamites ; *Tiageut*, des Tiams ; *Con chriép*, des Cambodgiens ; *Rai*, des Stiengs.

[8] *Dê dùoi*, des Annamites ; *Khmor*, des Cambodgiens.

[9] *Giang*, des Annamites ; *Canh lut*, des Cambodgiens.

[10] *Moûi*, des Annamites ; *Ga*, des Tiams ; *Mouh, Mouss*, des Cambodgiens ; *Mouh*, des Stiengs.

[11] *Moi*, des Annamites ; *Kmotsatégneur*, des Stiengs ; *Canh dach, Canh dia*, des Cambodgiens ; *Mouï*, des Tiams.

animaux sont rapidement rendus à la circulation de la nature.
En passant dans les grandes forêts il n'est pas rare d'entendre à
certains endroits, où les branches et les feuilles mortes jonchent
le sol, un bruit comparable à celui que produisent les magnans
à la brouffe, comme on dit dans le Midi, mais incomparablement
plus fort : c'est le peuple des Termites qui travaille à changer ces
morts encombrants et dangereux en humus fertilisant.

Les Crustacés forment avec les Poissons et le riz la nourriture
habituelle des Annamites. La plupart sont franchement marins,
comme la Crevette [1], qui sert à fabriquer le *ruoc–mam*, espèce de
saumure ; on en prend beaucoup sur la côte est de l'île de Phu–quoc ;
la Langouste du cap Saint–Jacques, excessivement estimée, et diverses espèces de Crabes excellentes. Le Bernard l'hermite existe
aussi là–bas et se loge comme chez nous dans les coquilles des Mollusques. Le Limule des Moluques [2], énorme animal, si intéressant
par la position spéciale de son système nerveux, lequel est entouré
de sang de tous côtés, comme les recherches de M. le professeur
Milne-Edwards nous l'ont fait connaître, existe en grand nombre sur
les côtes. Les jeunes individus sont à peine grands comme une
piastre, et les adultes atteignent une taille égale aux dimensions
du *salaco*, coiffure de nos soldats en Cochinchine.

D'autres espèces de Crustacés, des Crabes [3] notamment, habitent
les forêts que mouillent les grandes marées ; au pied des arbres
on trouve les trous nombreux qui leur servent de refuge.

Les Arachnides ont de très-nombreux représentants. Une splendide espèce [4], voisine des Épeires, tisse, dans les environs de Sai-gon,
une toile très–résistante et qui suffit à arrêter les plus gros Hyménoptères, entre autres les énormes Xylocopes. D'autres, voisines
de nos Lycoses, ne tissent aucune toile et font, en bondissant, la
chasse aux petits Invertébrés. D'énormes Faucheux enjambent le

[1] *Tom*, des Annamites ; *Panran*, *Pokon*, des Cambodgiens ; *Hatann*, des Tiams.
[2] *Sham*, des Annamites ; *Lakah*, des Tiams.
[3] *Cua*, des Annamites ; *Kadamsrmot*, des Cambodgiens ; *Arian*, des Tiams ;
Kdam, des Stiengs.
[4] *Nhén*, des Annamites ; *Pinpéan*, des Stiengs ; *Ping*, des Cambodgiens ; *Kala-
mung*, des Tiams.

gramen, et tout un monde de Scorpions habite l'écorce des arbres, les troncs morts et très-souvent même l'intérieur des habitations ; il est bon le matin de visiter ses chaussures avant d'y glisser les pieds. Une espèce de très-grande taille, noire [1], habite surtout l'est et notamment Tay-ninh ; sa piqûre est moins redoutée que celle des petites espèces, jaune roux [2], que l'on rencontre partout. Une grande Mygale [3], dont la force le cède à peine à ses congénères d'Amérique, se creuse son nid dans la terre, mais je ne sache pas qu'elle fasse la guerre aux petits Oiseaux. Enfin, une curieuse Arachnide, la Télyphone [4], dangereuse seulement par sa morsure, mais qui, à l'instar des Scorpions, brandit sa queue inoffensive dès qu'on la touche, habite la plupart des lieux sombres et humides.

Les Myriapodes sont très-grands. Une espèce de Iule [5] est excessivement commune. Lorsque, pendant la saison sèche, les indigènes incendient les mauvaises herbes, il n'est pas rare de rencontrer de nombreux cadavres de ces Myriapodes à moitié carbonisés. Les Scolopendres [6], sont aussi très-nombreux, et leur morsure, quoique non mortelle, peut causer des accidents assez douloureux. Une petite espèce [7], analogue à celle de l'Europe, est remarquablement lumineuse.

Les Mollusques marins sont en nombre très-considérable. La Nautile flambé est assez commun sur les côtes. Des Solens, des Patelles, des Huîtres excellentes abondent partout. Quant aux Mollusques terrestres et fluviatiles, ils sont moins connus. Les quelques spécimens que j'ai rapportés sont trop peu nombreux

[1] *Bòcap nui*, des Annamites ; *Cha tomrây*, des Cambodgiens ; *Atien teuneu*, des Tiams ; *Ktoui tombrei*, des Stiengs.

[2] *Bòcap*, des Annamites ; *Khtoui*, des Cambodgiens ; *Ketoui*, des Stiengs ; *Atien*, des Tiams.

[3] *Nhên-nhên hùm*, des Annamites ; *Komping*, des Cambodgiens ; *Paintièt*, des Stiengs ; *Apil*, des Tiams.

[4] *Bòcap*, des Annamites ; *Pokapi*, des Cambodgiens ; *Anugon*, des Tiams.

[5] *Cuong chiêu*, des Annamites ; *Rakankoh*, des Tiams ; *Tinlendei*, des Stiengs ; *Moromprah*, des Cambodgiens.

[6] *Con rit*, des Annamites ; *Lapân*, des Tiams ; *Khêp*, des Stiengs ; *Caèp*, des Cambodgiens.

[7] *Con giòi*, des Annamites ; *Tama*, des Tiams ; *Ampul ampeck*, des Cambodgiens.

pour donner une idée suffisante de ce groupe zoologique. Citons cependant une espèce de Limace assez petite, que l'on rencontre sur les pierres, et deux Escargots, l'un rond[1], l'autre long[2], dont les Annamites mangent la chair assez coriace.

Parmi les Annélides, citons diverses espèces de Lombrics[3] de forte taille et à mouvements véritablement très-vifs ; trois espèces de Sangsues : une très-grosse, appelée là-bas Sangsue--Buffle, une autre plus petite dont les morsures font copieusement saigner[4], et enfin une troisième[5] qui habite exclusivement les forêts. Il est à peu près impossible de se préserver de leurs atteintes dans les marches ou les chasses que l'on fait à travers le pays ; quelques gouttes de sang sur les habits vous avertissent seules de la présence de l'ennemi.

Quant aux Vers intestinaux, le nombre des espèces est vraiment considérable. Le *Tœnia solium*[6] habite l'intestin de la plupart des indigènes et même de quelques Européens ; le Lombric[7] est souvent rendu par les Annamites. Les Reptiles sont parfois bourrés de ces parasites : deux espèces d'Hypsirhines possèdent des Lombrics ; un Python réticulé de quatre mètres de long que j'ouvris là-bas avait dans son poumon un parasite à rétrécissements et à renflements successifs ; il s'était creusé de véritables cellules dans le parenchyme ; dans son estomac, dans l'intestin et dans le mésentère un immense Ténia et de très-nombreux Lombrics excessivements allongés. Quant aux Zoophytes ils sont également en grand nombre et ont été peu étudiés jusqu'ici. Les Méduses notamment se rencontrent partout, non-seulement dans la mer, mais très-haut dans les fleuves où les entraînent la marée montante.

---

[1] *Aop oc*, des Annamites ; *Bopao kokan*, des Tiams ; *Kbaom treupann*, des Cambodgiens.

[2] *Kbaom préi*, des Cambodgiens ; *Bopao tieu*, des Tiams.

[3] *Tròn*, des Annamites ; *Mitah*, des Stiengs ; *Lenung*, des Tiams ; *Keunnlin*, des Cambodgiens.

[4] *Dea*, des Annamites ; *Letah*, des Tiams ; *Thleun*, des Cambodgiens ; *Sleung*, des Stiengs.

[5] *Viap*, des Annamites ; *Plom*, des Tiams ; *Téa*, des Cambodgiens.

[6] *Con sen*, des Annamites ; *Dian cneui proul*, des Tiams ; *Maren*, *Proul*, des Cambodgiens.

[7] *Con laï*, des Annamites.

5

Vous le voyez, cette terre n'attend que des pionniers ; dans la
mesure de mes forces, je compte me livrer à de nouvelles recher-
recherches zoologiques et envoyer au Muséum de nombreux échantillons de la faune de l'Annam et du Cambodge, heureux si mes
efforts suffisent à ma tâche et si quelques sympathies me suivent
encore dans mes explorations lointaines.

CATALOGUE RAISONNÉ

DE LA

FAUNE DE L'INDO-CHINE

ET EN PARTICULIER

DE CELLE DE LA COCHINCHINE FRANÇAISE

Ce Catalogue n'est qu'un essai ; la géographie zoologique, et en particulier celle de cette partie de l'Asie, est trop peu avancée pour que j'aie pu trouver des renseignements précis dans les divers monographies. Sauf pour les Mammifères, (MURRAY), les Reptiles (GUNTHER), et quelques Coléoptères (FAIRMAIRE, PERROUD), je n'ai pas eu de guide dans cette vaste tâche. C'est dire d'avance qu'il y aura des erreurs et des lacunes.

La détermination de toutes les espèces d'insectes, entre autres, n'a pas pu être faite ; il y a là bien des points à revoir ; mais d'ici à peu de temps j'espère pouvoir mettre des noms à toutes les espèces entomologiques que j'ai rapportées.

Le travail actuel doit donc être considéré seulement comme le cadre, le canevas d'un autre plus vaste et plus sûr. Tel qu'il est, je crois cependant qu'il donnera quelque idée juste de la physionomie de la faune cochinchinoise, et tel qu'il est, je l'offre à ceux qui aiment les études de géographie zoologique, acceptant d'avance tous les reproches que peut mériter mon insuffisance sur plusieurs points.

ABRÉVIATIONS

M. P. — Muséum d'histoire naturelle de Paris.
M. L. — Muséum d'histoire naturelle de Lyon.
J. Z. P. — Vivant au Jardin des Plantes.
J. Z. S. — Vivant au Jardin botanique de Sai-gon.

MAMMIFÈRES

QUADRUMANES

Les Quadrumanes ont en Indo-Chine de nombreux représentants, qui appartiennent surtout aux familles des Semnopithèques et des Macaques.

Gibbon lar, *Hylobates lar*. — Paraît être le seul singe anthropomorphe que l'on rencontre en Indo-Chine; il y en a trois variétés, ou, du moins, s'il n'en existe qu'une, elle présente trois robes différentes, noire, grise et jaune ; il n'habite que les montagnes boisées, surtout celles du Nord-Est. — Tay-ninh, montagne de Nui-ba-dinh. — [M. L.] Nobis.

Semnopithèque à jambes noires, *Semnopithecus nigripes*. — Ne diffère du douc que par la coloration noire de ses jambes ; il n'est pas possible de l'élever. — Tay-ninh, montagne de Nui-ba-dinh. — [M. L.] Nobis. [M. P.]

Semnopithèque douc, *Semnopithecus nemæus.* — Loc...

Semnopithèque neigeux, *Semnopithecus pruinosus.* — Robe analogue à celle du douc, mais coloration plus uniforme ; physionomie plus bestiale. — Tay-ninh, montagne de Nui-ba-dinh. — [M. L.] Nobis.

Semnopithèque maure? *Semnipothecus maurus.* — Il n'est pas absolument sûr que cette espèce habite l'Indo-Chine ; elle n'a été établie que sur une très-jeune femelle observée à Tay-ninh. Paraît plus affectueuse et plus éducable que les trois autres. — Tay-ninh, montagne de Nui-ba-dinh.

Macaque commun ou Bonnet chinois, *Macacus Sinicus.* — La plus commune peut-être de toutes les espèces de singes de l'Indo-Chine ; se rencontre par toute la Cochinchine, continent et îles ; supporte bien la captivité. — [M. L.] Nobis. [M. P.] [J. Z. P.] [J. Z. S.]

Macaque à houppe noire, *Macacus Sinicus.* — Variété.

Macaque Maïmon, *Macacus nemestrinus.* — Ce singe robuste habite surtout les environs de Tay-ninh. — [J. Z. P.] [J. Z. S.)

Onanderou ou Singe à barbe blanche, *Innuus silenus* (Murray). — On rencontre surtout ce singe dans les environs d'Ha-tien.

Galéopithèque tacheté de blanc, *Galeopithecus variegatus.* — C'est l'hôte des forêts qui entourent Tay-ninh ; il est assez rare qu'on le prenne.

CARNASSIERS

Les Carnassiers sont nombreux. Les genres qui ont le plus de représentants sont les Paradoxures, les Mangoustes et les Chats.

Ours des Cocotiers, *Helarctos Malayanus* ou *Ursus Malayanus.* — N'est point rare dans les forêts de la zone est de la Cochinchine et dans le Cambodge ; facilement éducable ; supporte bien la captivité. — Tay-ninh. — [J. Z. S.] [M.P.] [J. Z. P.] Nobis. [M. L.] Nobis. — Une autre espèce d'ours à robe claire existerait en Cochinchine. Je ne l'ai pas vue.

Blaireau, *Meles taxus,* sp. *Cochinchinensis.* — Pas rare. Toute la Cochinchine, et en particulier Tay-ninh, Sai-gon. — [J. Z. S.]

Paradoxure musang, *Parodoxurus musanga.* — Assez commun. — Toute la Cochinchine, et en particulier Tay-ninh.

Paradoxure type, *Paradoxurus typus*. — Très-commun. Facilement éducable ; peut remplacer le chat dans les habitations de l'homme. — Toute la Cochinchine, et en particulier Phu-quoc, Tay-ninh. —[J. Z. P.] Nobis. [M. L.] Nobis. [J. Z. S.]

Hémigale, *Hemigalea Derbiana* (Murray). — Tay-ninh.

Civette, *Viverra zibetha*. — Assez commune. — Toute la Cochinchine, et en particulier Tay-ninh.

Mangouste grêle, *Herpestes exilis*. — Tourane.

Mangouste brachyure, *Herpestes brachyurus*. — Très-irascible. Élevée en captivité avec le *Meles* et le *Paradoxurus typus*, fait la loi à ces deux derniers. — Toute la Cochinchine, et en particulier Sai-gon. — [J. Z. S.]

Chien domestique, *Canis domesticus*. — L'espèce de la Cochinchine est de taille moyenne ; son poil est court, ses oreilles droites. Au point de vue des facultés intellectuelles et affectives, c'est un animal inférieur à son congénère d'Europe. — Toute l'Indo-Chine. — [M. L.] Nobis.

Chacal, *Canis aureus*. — Toute la Cochinchine, et en particulier Tay-ninh.

Chat domestique, *Felis catus*. — Le chat de l'Indo-Chine est un peu plus petit que le nôtre. On ne rencontre pas d'espèce à longs poils. Un trait caractéristique de ce chat, c'est la forme de sa queue contournée plusieurs fois en sens inverse et très-courte. On rencontre parfois des chats à queue droite, mais ils sont assez rares. Presque chaque maison annamite a son chat. — [M. L.] Nobis.

Chat sauvage, *Catus ferus*. — Il en existe peut-être plusieurs espèces. C'est un animal intraitable et très-fort. — [J. Z. S.]

Panthère, *Felis pardus*. — Très-communes et très-redoutées, les panthères de la Cochinchine ont derrière l'oreille une large tache pâle. Elles sont surtout nombreuses dans les environs de Tay-ninh. — [J. Z. P.] [M. L.] Nobis.

Panthère noire, *Felis melas*. — Se rencontrerait, d'après les indigènes et quelques colons, dans les environs du cap Saint-Jacques. Je ne l'ai jamais vue. — ?

Tigre royal, *Felis tigris*. — Même espèce que celle de l'Indo-Chine, mais il est aujourd'hui moins redoutable. Il est excessivement commun et dans les forêts de l'Est et dans les terrains marécageux de l'Ouest, où les colons l'appellent *Tigre d'eau*. Ils font volontiers une espèce à part de ce dernier. — Tay-ninh, Tu-duc, Ba-riah, Bien-hoa, etc. — [J. Z. P.] Plusieurs individus. [M. L.] Nobis. [J. Z. S.]

Loutre, *Lutra nair*. — Très-commune et très-facile à apprivoiser. — Tay-ninh. —[M. L.] Nobis.

Otarie, *Otaria*, sp.

DELPHINIDÉS

Plataniste, *Platanista*, sp. ? — Golfe de Siam ?

Dauphin, *Delphinus*, sp. ? — Golfe de Siam.

PACHYDERMES

Les Pachydermes ne comptent pas de nombreux représentants en Cochinchine, en dehors des genres *Elephas* et *Sus*. Ils paraissent plus communs au Cambodge.

Cheval annamite, *Equus caballus*. — Espèce de petite taille et pleine de feu ; va l'amble. Ordinairement a une robe de couleur assez claire et porte sur le dos une large raie noire qui va du cou à la queue. — Pas très-commun en Cochinchine.

Chevaux exotiques. — Habituellement chevaux égyptiens. Supportent mal le climat de la Cochinchine. — Sai-gon.

Mulets. — Quelques-uns existent à Sai-gon. On les emploie exclusivement au service des équipages militaires. — Sai-gon.

Ane, *Equus asinus*. — On peut compter ceux que nous avons importés en Cochinchine. — Sai-gon, Tu-duc, Poulo-Condor.

Éléphant, *Elephas Indicus*. — Très-commun au Cambodge, où il a été domestiqué ; n'existe guère, en Cochinchine, que dans les grandes forêts de l'Est ; n'a pas été domestiqué par les Annamites de la Basse-Cochinchine. — Tay-ninh, Ba-riah, etc. — [M. L.] Nobis.

Rhinocéros, *Rhinoceros Sundaicus*. — Surtout forêts de l'est de la Cochinchine. — Tay-ninh, Ba-riah. — [M. L.] Nobis.

Cochon domestique, *Sus domesticus*. — C'est la variété de Siam. Exces-

sivement commun dans tous les villages cochinchinois. Fournit la
seule viande de boucherie régulière des indigènes. — [M. L.]
Nobis.

Sanglier, *Sus scrofa*. — Très-commun dans toute la Cochinchine. Paraît
être au moins une variété particulière. — [M. L.] Nobis. [J. Z. S.]

RUMINANTS

C'est l'ordre des Mammifères le plus riche en représentants.

Cerf rusa, *Cervus hippelaphus*.

Cerf cheval, *Cervus equinus*.

Cerf cochon, *Hyelaphus porcinus*. — Les Annamites paraissent confondre
ces trois espèces sous le nom de *Con-nai;* elles existent par toute
la Cochinchine et le Cambodge. — [M. L.] Nobis. [J. Z. P.]

Cerf d'Aristote, *Cervus Aristotelis*. — Existence probable.

Cerf Sung-naï, *Panolia Eldii, Cervus lyratus*. — Cette splendide espèce, la plus belle certainement et une des plus grandes de toutes
les espèces de l'Indo-Chine, habite presque exclusivement les
grandes clairières de l'Est, surtout vers le Nord. — Tay-ninh. —
[M. L.] Nobis. [M. P.] [J. Z. P.]

Axis pseudaxis. — Animal de taille moyenne, à oreilles assez longues ;
robe sans taches bien nettes. — Ha-tien, Tay-ninh. — [M. L.]
Nobis.

Cerf Muntjak, *Cervulus vaginalis*. — C'est le *Con-mang* des Annamites.
Avec le *Con-nai*, c'est celui que le chasseur rencontre le plus souvent ; il se défend non avec ses petites cornes, mais avec ses canines puissantes. — Sai-gon, Tay-ninh. — [M. L.] Nobis. [J. Z. S.]
Nobis.

Cervule cambodgien, *Cervulus Cambogensis.* — Cochinchine. [J. Z. P.]

Tragule nain, *Tragulus pygmeus* — Cette délicate et jolie espèce, à
peu près de la taille d'un lièvre, existe dans toute la Cochinchine.
— Tay-ninh, Sai-gon. — [J. Z. S.] Nobis.

Bœuf domestique, *Bos Indicus*. — Paraît être le même que le zébu
de l'Inde ; sa taille est petite, mais supérieure cependant à celle de
son congénère de Ceylan. Sa bosse est de grandeur variable et ses
cornes sont de dimension et de forme très-irrégulières. Paraît une

espèce cambodgienne plutôt que cochinchinoise. Il existe en Cochin-chine une variété dressée à traîner les voitures et qu'on appelle bœuf trotteur.

Bœuf sauvage, *Bos ferus, var. Cochinchinensis.* — Espèce de petite taille, encore mal déterminée, à robe rougeâtre et à petite corne. — Tay-ninh. — [M. L.] Nobis.

Bœuf Con-dinh, *Bos frontalis.* — Cette énorme espèce, longue à peu près de trois mètres, à robe noire, excepté une étoile grise au front et des canons jaunes, est remarquable par la saillie considérable de sa crête frontale, à laquelle succède en avant un creux très-prononcé, puis un renflement non moins accusé au niveau des os propres du nez. Elle a treize paires de côtes, cinq vertèbres sacrées et quatorze vertèbres caudales. — Elle habite uniquement les forêts de l'Est et surtout celles des croupes de la montagne Nui-ba-dinh, à Tay-ninh. — [M. L.] Nobis. [M. P.]

Banteng, *Bos sundaicus.* — Paraît également exister dans l'Est, surtout à Tay-ninh. — [M. L.] Nobis.

Gaur, *Bos gaurus.* — Paraît également exister dans l'Est, surtout à Tay-ninh. — [M. L.] Nobis.

Bœuf des Stiengs, *Bos. Stieng.* — Ce grand ruminant, très-haut de taille, à long fanon, à poil très-ras, d'un noir bleuâtre et à cornes à double courbure, ne paraît pas exister en Cochinchine à l'état domestique. Je n'en connais que trois individus dans notre colonie : un couple au jardin botanique de Sai-gon et un vieux mâle faisant partie du troupeau de l'inspection de Tay-ninh. — Il a été domestiqué par les Cambodgiens. En Cochinchine, on l'appelle bœuf du Cambodge. — [M. P.] [J. Z. S.]

Buffle domestique, *Bos bubalus.* — Le ruminant domestique le plus ré-pandu et le plus utile en Cochinchine. De très-forte taille et sup-portant très-bien, mieux que les bœufs, le climat humide des vastes plaines du Sud. [M. L.] Nobis. [M. L.]

Buffle sauvage, *Bubalus Kerabau?* — Cette espèce, très-voisine de la première, à cornes peut-être plus longues et plus élancées, est dis-séminée sur divers points de la Cochinchine et du Cambodge ; elle n'habite pas les environs immédiats de Tay-ninh. Par contre, dans la petite île de Phu-quoc (golfe de Siam), on compte environ 2 à 3,000 de ces ruminants. — Phu-quoc, Cochinchine.

Mouton, *Ovis aries*. — Diverses espèces de moutons sont élevées en Cochinchine ; elles viennent de Chine et d'Europe. Mais le climat est peu favorable à leur élevage. — On n'en trouve guère qu'à Saï-gon.

Mouton à tête noire, *Ovis steatopyga*. — Cette espèce, à chair moins savoureuse que les deux précédentes, paraît moins souffrir du climat, mais elle n'est pas non plus commune dans la colonie. — Elle est habituellement apportée d'Aden.

Chèvre, *Capra hircus*. — La Chèvre ne fait, pas plus que le Mouton, partie de la faune autochtone de la Cochinchine. On en élève une petite espèce qui a peu de représentants.

ÉDENTÉS

La Cochinchine et le Cambodge sont peu riches en Édentés.

Pangolin à large queue, *Manis laticauda*. — Animal fort commun en Cochinchine et au Cambodge. Il vit exclusivement de termites, mais ne paraît pas pouvoir supporter la captivité. J'en ai nourri un pendant un mois avec des œufs de poule. Les indigènes, surtout les Cambodgiens, vendent sa peau aux pharmaciens chinois, qui la font servir à un usage thérapeutique que j'ignore. — Saï-gon, Ha-tien, Tay-ninh. — [M. L.] Nobis.

Pangolin à cinq doigts, *Manis pentadactyla*. — Loc...

CHÉIROPTÈRES

Les espèces et surtout les individus de cet ordre sont excessivement communs en Cochinchine et au Cambodge.

Roussette édule, grande Roussette, *Pteropus edulis*. — C'est le *Vampire* des colons ; très-commune ; paraît éducable ; se nourrit de fruits surtout de bananes. — Toute l'Indo-Chine.

Roussette, *Pteropus Edwardsii ?* — Loc...

Petite Roussette, *Pteropus minima*. — Saï-gon.

Megaderme sparme, *Megadonna sparma*. — Tay-ninh.

Vespertilion peint, *Vespertilio pictus.* — Toute la Cochinchine.

Vespertilion, *Vespertilio adversus.* — Toute la Cochinchine.

Vespertilion, *Nycticejus Temmincki.* — Toute la Cochinchine.

Molosse à collier, *Cheiromeles torquatus* (MURRAY). — Sai-gon.

RONGEURS

Très-nombreux représentants.

Rat musqué, *Mus* sp. *moschatus ?* — Cette petite espèce, à poils lustrés et comme gras, répand une fort désagréable odeur de musc. Plus commune au début de la colonisation qu'aujourd'hui, elle est encore cependant un des fléaux de la colonie. Les provisions qu'elle a touchées sont certainement perdues. — Cochinchine.

Rat surmulot, *Mus decumanus.* — Sai-gon.

Rat noir, *Mus ratus.* — Sai-gon.

Rat palmiste rayé ou Tamia, *Sciurus palmarum* ou *vittatus.* — Toute la colonie. — Fort jolis animaux habitants des bois et des bouquets d'arbres ; apprivoisables.

Rat palmiste non rayé, *Sciurus,* sp.? — A pelage rougeâtre assez uniforme ou très-finement pointillé de noir. — Tay-ninh.

Écureuil de Mouhot, *Sciurus Mouhoti.* — Cochinchine. — (MURRAY.)

Écureuil de Macclelland, *Sciurus Macclellandii.* — Loc... — (MURRAY.)

Écureuil splendide, *Sciurus splendens.* — Loc... — (MURRAY.)

Écureuil roi, *Sciurus maximus ?* ou variété. — Montagnes et bois de Tay-ninh. — [M. L.] NOBIS.

Écureuil rouge, *Sciurus rufus.* — Le plus commun des Écureuils de la Cochinchine ; se rencontre partout.

Écureuil volant, *Pteromys,* sp.? — Petit animal assez rare, à queue aplatie, couverte de poils très-doux. — Ile de Phu-quoc.

Lièvre, *Lepus timidus.* — Fort semblable au nôtre, mais de plus petite taille ; très-commun sur certains points. — Tay-ninh, Sai-gon ; moins sur d'autres. — Ha-tien.

Cobaie, *Cavia porcellus.* — Élevé seulement comme objet de curiosité par quelques Chinois, notamment à Tay-ninh.

Porc-Épic, *Hystrix fasciculata.* — Belle espèce, assez commune. — Tay-ninh. — [M. L.] NOBIS.

OISEAUX

GRIMPEURS OU ZYGODACTYLES

Cet ordre, par ses Perruches et ses Calaos fournit un des traits les plus saillants de la faune de l'Indo-Chine.

Loriculus, sp. ? — Tay–ninh, Sai–gon.

Psittaculus, sp. ? — Tay–ninh, Sai–gon.

Grand Calao, *Buceros bicornis*. — Ce grand Calao habite principalement les collines boisées qu'il fait retentir de son cri si étrangement guttural. Il vit surtout des fruits des banians. — Poulo–Condor, Tayninh, montagne Nui–ba–dinh. — [M. L.] Nobis.

Grand Calao noir ou **Rhinoceros**, *Buceros rhinoceros*. — Phu-quoc.

Calao à bec festonné, *Rhyticeros plicatus*. — Phu-quoc, Ha–tien. — [M. L.] Nobis.

Petit Calao. *Buceros convexus*. — Habite la plaine boisée de préférence aux montagnes. — Ha–tien. — [M. L.] Nobis. [J. Z. S.]

Pic, *Picus Sundaicus*. — Toute l'Indo–Chine.

Meiglypte triste, *Meiglyptes tristis ?*. — Loc...

Coucou, *Cuculus canorus*. — Toute l'Indo-Chine. Est un des rares oiseaux qui chantent aux heures brûlantes de la sieste.

Centropus Senegalensis. — Oiseau à collerette de longues plumes, va par couples. — Ha–tien. — [M. L.] Nobis.

PASSEREAUX

Cet ordre renferme en Cochinchine un nombre considérable d'espèces. La courte liste qui va suivre n'est qu'une ébauche très-imparfaite, qui ne peut donner qu'une faible idée de la richesse en Passereaux de la faune de l'Indo-Chine.

Huppe, *Upupa epops*. — Ha–tien. N'y paraît pas très-commune.

Colibri souimanga, *Arachnothera insignis*. — Siam.

Colibri souimanga , *Anthreptes Malaccensis. Leptocoma Hasseltii.* — Loc...

Alouette, *Alauda gulgula ?*. — Toute la Cochinchine.

Calandre ordinaire, *Melanocorypha calendra ?* — Loc...

Moineau, *Fringilla montana*. — Ce moineau, un peu plus petit et plus pâle que le nôtre, habite toute l'Indo-Chine. — On le rencontre déjà à Singapoore.

Padda oryzivore, *Padda oryzivora*. — Loc...

Ceyx tridactyle, *Ceyx tridactylus*. — Loc...

Ploceus baya, *Ploceus baya*. — Loc...

Eudynamis oriental, *Eudynamis orientalis*. — Loc...

Corbeau, *Corvus corax*. — Plus petit que le nôtre, le Corbeau de l'Indo-Chine lui ressemble cependant par son plumage, ses habitudes, son intelligence. Son cri a servi à lui faire donner par les indigènes les divers noms qu'il porte. — Il se rencontre par toute la colonie, mais nulle part je ne l'ai vu aussi nombreux qu'à Ha-tien.

Mainate religieux, *Mainatus religiosus* ou *Eulabes religiosa*. — Ce charmant oiseau, que les colons de la Cochinchine appellent Merle mandarin, est assez commun dans les bois. Les indigènes l'élèvent et lui apprennent très-facilement à parler. C'est un des hôtes les plus habituels des cases des notables annamites et chinois. — Tayninh, Cho-len. — [J. Z. P.] [M. P.] [M. L.]

Xantholème indien, *Xantolema Indicus*. — Loc...

Tyran, *Tyrannus*, sp. ? — Cochinchine.

Centrococcyx vert, *Centrococcyx viridis*. — Loc...

Copsicus macrourus, ou Merle de Mendanao. — Ha-tien.

Merle, *Merula ?* , sp. ? — Ce Merle, blanc et noir, est l'ami des Ruminants, notamment du bœuf et du buffle, qu'il débarrasse des parasites, et auxquels il annonce l'approche de l'homme en prenant son vol avec des cris perçants. Il apprend à parler. — Toute la Cochinchine.

Piquebœuf à bec rouge, *Buphaga erypthrorhyncha*. — Espèce voisine de la précédente. — Loc...

Merle noir, *Merula ?*. — Cochinchine.

Dendrocite vagabonde, *Dendrecita vagabunda*. — Loc...

Temia variable, *Chrypsirhina varians*. — Loc...

Grand Martin-pêcheur, *Alcedo capensis.* — La Cochinchine est riche en Martins-pêcheurs de grande taille. Celui-ci est un des plus communs, et a 40 centimètres de long. — Ha-tien. — [M. L.] Nobis.

Martin-pêcheur moyen, *Alcedo,* sp. — A ailes bleues, noir-bleu, blanc, bleu. Cette espèce a 30 centimètres de long, et paraît presque aussi commune que la précédente. — Ha-tien.

Martin-pêcheur blanc et noir, *Ceryle rudis.* — Cette espèce, d'assez forte taille, se rencontre en Cochinchine presque exclusivement dans les environs de Chau-doc; son vol a ceci de particulier et d'inusité pour un Martin, que l'oiseau peut rester immobile à guetter sa proie en se soutenant dans l'air par de fréquents battements d'ailes. — Chau-doc.

Petite espèce de Martin-pêcheur, *Alcedo meninting.* — Commun par toute la Cochinchine.

Petit-Martin de rivage, *Halcyon Chloris.* — Rivages d'Ha-tien.

Grand-Martin azuré à tête noire, *Halcyon pileata,* — Ha-tien.

Engoulevent, *Caprimulgus Indicus.* — Oiseau nocturne et crépusculaire, aimant les hautes herbes et se rencontrant par toute la Cochinchine.

Hirondelle, *Hirunda rustica?* — Il y a en Cochinchine et au Cambodge de très-nombreuses hirondelles dont l'espèce est encore douteuse. On ne sait rien de leurs habitudes.

Hirondelle Salangane, *Collocalia nidifica.* — Habite les îles qui avoisinent l'Indo-Chine, et en Cochinchine notamment se rencontre non loin du Rachgia. Elles sont loin d'être aussi communes qu'en Chine.

Temnure à queue coupée, *Temnurus truncatus.* — Cochinchine.

RAPACES

Les Rapaces de la Cochinchine sont nombreux, au moins comme individus. Les forêts et les bords des fleuves sont habités par un grand nombre de ces Oiseaux; mais leurs espèces sont bien loin d'être toutes connues.

Hibou de Leschenault, *Ketupa Ceylonensis.* — Habite toute la Cochinchine.

Grand-Duc, *Bubo orientalis ?* — Une espèce de Grand-Duc mal déterminée ; habite les forêts du Cambodge et de l'est de la Cochinchine. — Ha-tien, Tay-ninh.

Hierax azuré, *Hiœrax cœrulescens.* — Loc...

Faucon sacré, *Haliastur Indicus.* — Ce Rapace est excessivement commun ; on le voit habituellement voler le long des fleuves, dont il surveille les flots en poussant son cri aigu et déchirant, qui semble peindre les angoisses de sa faim. Il dévore les reptiles et surtout les poissons. — Sai-gon, Tay-ninh, Ha-tien, etc., etc.

Spilornis bacha, *Spilornis bacha.* — Loc...

Buse grise, *Buteo vulgaris ?* — Variété ou espèce mal déterminée ; à peu près aussi commune que le Faucon sacré. — Phu-quoc, Sai-gon.

Nemoricole indien, *Nemoricola Indica.* — Loc...

Aigle, *Haliœtus?* sp. ? — Aigle de petite taille, de couleur sombre, dont les plumes de la tête et du cou se hérissent sous l'impression de la moindre émotion et forment ainsi à l'animal une sorte de collerette. — Tay-ninh.

Aigle de grande taille, *Aquila Chrysateos ?* — Espèce mal déterminée ; ne paraît pas très-commune. — Chau-doc.

Grand Vautour, *Vultur monachus.* — Excessivement commun en Cochinchine et au Cambodge ; fait, comme en Orient, la police sanitaire aux environs des villes ; facile à approcher. — Sai-gon, Ha-tien, Mytho, Tay-ninh.

PALMIPÈDES

Cette liste des Palmipèdes est très-incomplète. L'Anhinga est l'espèce de cet ordre qui, par son cachet spécial, lui donne sa physionomie.

Canard commun, *Anas boschas.* — Très-commun. — C'est un des mets nationaux des Chinois. — Toute la Cochinchine.

Canard du Cambodge, *Sardikiornis ?* sp. ? — Animal d'une forte taille, se rencontrant surtout vers le nord. — Tay-ninh.

Sarcelle, *Querquedula,* sp. ? — Très-commune par toute l'Indo-Chine

Oie commune, *Anser cinereus.* — Ne paraît pas appartenir à la faune de l'Indo-Chine. C'est un oiseau importé. — Quelques individus çà et là en Cochinchine.

Oie naine de Coromandel, *Nettapus Coromandelianus.* — Loc...

Pélican, *Pelecanus onocrotalus.* — Très-commun par toute l'Indo-Chine.

Anhinga, *Plotus melanogaster.* — Splendide palmipède à cou de serpent et à plumes très-belles et très-longues ; son caractère paraît fort belliqueux. Je ne l'ai observé qu'au Jardin botanique de Sai-gon. — [J. Z. S.]

Mouette, *Larus ?* — Loc...

Grèbe, *Podiceps Philippensis.* — Commun par toute la Cochinchine.

Cormoran ordinaire, *Phalacocorax carbo.* — Loc...

ÉCHASSIERS

Très-nombreuses espèces.

Grue Antigone, *Grus torquata.* — Très-grande et très-belle espèce à cou rouge, Chau-doc, Tay-ninh, etc.

Cigogne, *Ciconia alba.* — Très-commune par toute l'Indo-Chine.

Marabout, *Leptoptilos Javanicus.* — Assez commun ; de fort grande taille ; très-éducable. Devient volontiers le commensal de l'homme, mais c'est un animal excessivement vorace, comme la plupart des Échassiers, du reste. — Ha-tien, Chau-doc, Tay-ninh, etc. — [J. Z. S.] Nobis.

Aigrette blanche, *Herodias intermedia.* — Très-commune le long des fleuves et dans les rizières. Oiseau farouche. — Ha-tien, Sai-gon, Go-cong, etc.

Aigrette grise, *Herodias,* sp. ? — Comme la précédente.

Héron, *Ardea cinerea.* — Loc... — [J. Z. S.]

Ibis, *Ibis melanocephalus.* — Loc... — [J. Z. S.]

Ibis, *Geronticus ?* — Loc...

Bécasse, *Scolopax,* sp.? *rusticola ?* — Toute la Cochinchine.

Bécassine, *Gallinago scolopacina.* — Très-commune par toute la colonie. Sa chasse est une de celles que l'on fait le plus fréquemment ; mais sa chair est inférieure à celle de sa congénère d'Europe.

Poule d'eau, *Fulica* sp. ? — Très-commune également.

Poule sultane, *Porphyrio smaragdinus*. — Très-bel Échassier dont les vives couleurs tranchent agréablement sur la boue cochinchinoise. Très-aisément éducable. — Commun par toute la colonie, surtout dans l'Ouest. — [J. Z. S.] [J. Z. P.]

Tourne-pierre, *Strepsilus interpres*. — Loc...

Ardea Botaurus, sp. ? — Toute la Cochinchine.

GALLINACÉS

Les Gallinacés sont, avec les Passereaux, les deux ordres les plus riches en espèces; les Colombidés sont surtout très-nombreux.

Perdrix, *Perdix rufogularis* ou *atrogularis*. — Commune par toute la Cochinchine. — Perche sur les arbres.

Caille naine, *Excalfactoria Sinensis*. — Très-petite espèce. — Commune par toute la Cochinchine.

Géopélie striée, *Geopelia striata*. — Loc...

Coq domestique, *Gallus domesticus*. — Très-commun. — Chair médiocre ; œufs très-petits. — Variété à peau noire et variété rare à plumes frisées.

Coq de combat, *Gallus* sp. *Cochinchiniensis*, peut-être le *Malayanus*. — Mérite certainement d'être décrit à part. Grande taille ; haut sur jambes ; à cuisses et à cou très-longs habituellement dépourvus de plumes. Presque l'allure d'un Rapace, très-belliqueux.

Coq sauvage. *Gallus ferrugineus*. — Belle espèce, de taille moyenne, mais aux couleurs éclatantes. — Commun dans toute la colonie, surtout dans les parties boisées.

Paon, *Pavo cristatus*. — Splendide animal ; très-commun ; chasse difficile. — Beaucoup sont apprivoisés ou, pour mieux dire, domestiqués dans les villages indigènes. — Tay-ninh. — [J. Z. S]

Paon spicifère, *Pavo muticus*. — Loc...

Dindon, *Meleagris gallopavo*. — Quelques individus ont été importés à Sai-gon et à Mytho et paraissent y bien vivre.

Argus, *Argusius giganteus*? — Appartiendrait à la faune de la haute Indo-Chine?

Faisan à huppe de Lophophore, *Phasianus*, sp. ? — Splendide espèce à aigrette céphalique de plumes d'un éclat resplendissant, vert sombre. — Tay-ninh.

Tourterelle verte ou **Colombe Turvert**, *Chalcophaps Javanicus*. — Bois de Cochinchine.

Pigeon jaune vert, *Crocopus phœnicopterus*. — Bois de Cochinchine.

Pigeon vert, *Treron griseicauda*. — Bois de Cochinchine.

Tourterelle à collier à plusieurs étages, *Turtur suratensis*. — Bois de Cochinchine.

Pigeon de Nicobar, *Calœnas Nicobarica*. — Cette splendide espèce, dont le mâle a une collerette touffue de longues plumes, ne se trouve en Cochinchine que dans les îles Poulo-Condor. Aussi l'appelle-t-on là-bas Pigeon de Poulo-Condor. — [J. Z. P.] [J. Z. S.]

REPTILES

SAURIENS

Les Sauriens sont excessivement nombreux : les Crocodiles, les Varans, les Dragons, les Geckotiens sont les plus caractéristiques.

Crocodile, *Crocodilus porosus* ou *biporcatus*. — L'espèce la plus commune par toute la Cochinchine ; sert de viande de boucherie aux indigènes, qui en élèvent des parcs considérables le long des rivières, notamment à Cho-len et à Mytho. — [M. L.] Nobis. [J. Z. S.]

Crocodile de Siam, *Crocodilus Siamensis*. — Loc...

Varan nébuleux, *Varanus nebulosus*. — Cette grande et belle espèce de Lézard vit à la fois dans les forêts et dans les fleuves. Elle est très-commune dans toute la Cochinchine, le Cambodge et les îles. Les indigènes mangent sa chair. — [M. L.] Nobis. [J. Z. S.] Nobis.

Hydrosaurus salvator ou *Varanus bivittatus*. — Ha-tien, Tay-ninh, etc. — [M. L.] Nobis.

Tachydrome à six bandes, *Tachydromus sexlineatus.* — Ce svelte Lézard des prairies annamites se rencontre par toute la Cochinchine et le Cambodge. — [M. L.] Nobis.

Tachydrome méridional, *Tachydromus meridionalis.* — Loc...

Tropidophore à petites écailles, *Tropidophorus microlepis.* — Loc...

Tropidophore de Cochinchine, *Tropidophorus Cochinchinensis.* — Loc...

Scinque, *Euprepes rufescens, E. Seba.* — Ce Lézard trapu et robuste a une aire géographique très-étendue ; il se rencontre par toute l'Indo-Chine, continent et îles. — [M. L.] Nobis.

Scinque olivâtre, *Euprepes olivaceus* ou *Ernestii.* — Cochinchine. — [M. L.] Nobis.

Eumèces Chalcides. — Loc...

Eumèces de Siam, *Eumeces siamensis.* — Loc...

Eumèces à doigts égaux, *Eumeces isodactylus.* — Loc...

Eumèces de Bowring, *Eumeces Bowringii.* —Tay-ninh, Ha-tien, Sai-gon. — [M. L.] Nobis.

Gecko ou le Grand Gecko, *Gecko guttatus.* — Le Lézard est commun dans toute l'Indo-Chine. C'est un commensal de l'homme ; il mange les insectes et les petits Rongeurs et fait entendre chaque nuit le cri éclatant qui lui a fait partout donner son nom. Une variété, qui a une tache noire derrière l'oreille, n'a été rencontrée qu'à Tay-ninh. — [M. L.] Nobis.

Hémidactyle tacheté, *Hemidactylus maculatus.* — Ce Lézard habite aussi en foule les maisons de l'homme. — Par toute la Cochinchine. — [M. L.] Nobis.

Hémidactyle, *Hemidactylus frenatus.* — Loc...

Hémidactyle de Leschenault, *Hemidactylus Leschenaultii.* — Loc...

Péripie de Peron, *Peripia Peronii* ou *Hemidactylus Peronii.* — Sai-gon. — [M. L.] Nobis.

Nycteridium de Schneider, *Nycteridium Schneiderii.* —Tay-ninh, Ha-tien. — [M. L.] Nobis.

Dragon ténioptère, *Draco tæniopterus.* — Tay-ninh. — [M. L.] Nobis.

Dragon maculé, *Draco maculatus.* — Ces deux espèces de dragons se trouvent en Cochinchine, surtout dans les bois, et sont plus nombreux dans les îles qui entourent l'Indo-Chine que sur le continent. — Phu-quoc, Poulo-Condor, Tay-ninh. — [M. L.] Nobis.

Bronchocèle émeraudine, *Bronchocela smaragdina.* — Loc...

Calotes Versicolore, *Calotes versicolor*. — Ce curieux Lézard habite les arbres ; il est l'hôte de presque tous les tamariniers qui bordent les rues de Sai-gon ; ses changements de couleur sont très-rapides. Il se rencontre dans toute la Cochinchine, continent et îles. — [M. L.] Nobis.

Calotes de Roux, *Calotes Rouxii*. — Tay-ninh. — [M. L.] Nobis.

Calotes, *Calotes mystaceus*. — Loc ..

Acanthosaure armée, *Acanthosaura armata*. — Loc...

Acanthosaure chèvre, *Acanthosaura capra*. — Loc...

Acanthosaure couronnée, *Acanthosaura coronata*. — Loc...

Physignathe, *Physignathus mentager*. — Ce bel Iguanien, un des plus grands représentants de cette famille en Asie, habite surtout les forêts, soit du continent (Tay-ninh), soit des îles (Phu-quoc). — [M. L.] Nobis.

Physignathe de Cochinchine, *Physignathus Cochinchinensis*. — Loc...

Liolepis, *Liolepis guttatus*. — Loc...

OPHIDIENS NON VENIMEUX

Les Serpents qui se terrent *(Typhlops, Cylindrophis)*, les Serpents mi-aquatiques *(Tropidonotes)* ou aquatiques *(Hypsirhines, Cerbères, Homalopsis, etc.)*, et les Serpents d'arbre *(Dipsas, Dendrophis, Tragops)*, ont tous de très-nombreux représentants dans l'Indo-Chine.

Typhlops d'Horsfield, *Typhlops Horsfieldi*. — Tay-ninh. [M. L.]—Nobis.

Typhlops de Siam, *Typhlops Siamensis*. — Loc...

Typhlops bramine, *Typhlops braminus*. — Serpent minute des colons, qui le redoutent très-fort, ainsi que les indigènes. Se rencontre partout l'Indo-Chine sous les pierres et dans la terre meuble. — [M. L.] Nobis.

Typhlops tenuis? — Ha-tien. — [M. L.] Nobis.

Amphisbène des marais, *Cylindrophis rufus*. —Très-commun dans les marais de toute l'Indo-Chine, où il atteint souvent une grande taille ; très-redouté des indigènes et des colons. — [M. L.] Nobis.

Xenopeltis unicolore, *Xenopeltis unicolor*. — Se rencontre dans toute l'Indo–Chine. Peut acquérir une grande taille. Sert parfois de nourriture au Bongare annelé (à Tay-ninh). — [M. L.] Nobis.

Calamaire de Siam, *Calamaria Siamensis*. — Loc...

Oligodon, *Oligodon subquadratum*. — Loc... — [M. P.]

Simotes cendré, *Simotes cinereus*. — Loc...

Simotes, *Simotes tœniatus*. — Loc...

Simotes, *Simotes fasciolatus*. — Poulo-Condor, Tay-ninh, Sai-gon. — [M. L.] Nobis.

Simotes de Cochinchine, *Simotes Cochinchinensis*. — Chau-doc. — [M. L.] Nobis.

Simotes, *Simotes trinotatus*. — Loc...

Simotes à quatre lignes, *Simotes quadrilineatus*. — Le plus commun des Simotes. — Toute la Cochinchine. — [M. L.] Nobis.

Simotes à six lignes, *Simotes sexlineatus*. — Cochinchine.

Simotes ocelle, *Simotes ocellatus* ou plutôt *binotatus*. — Long de plus de 60 centimètres, à 19 rangs d'écailles, à 155–160 gastrostéges, dos à grandes taches d'un gris brun bordées de noir, variant de 12 à 14. — Tay-ninh. — [M. L.] Nobis.

Compsosome rayé, *Compsosoma radiatum*. — Un des plus beaux et des plus grands Serpents qui existent en Cochinchine. Très-irascible, il gonfle considérablement le tiers antérieur de son tronc en lui faisant décrire plusieurs courbures. Peut vivre en captivité. Se trouve dans toute l'Indo-Chine, et notamment à Sai-gon, Ha-tien, Tay-ninh. Un individu a vécu quelque temps au Muséum de Lyon. — [M. L.] Nobis.

Ptyas muqueux, *Ptyas mucosus*. — Ha-tien, Sai-gon. — [M. L.] Nobis.

Ptyas korros, *Ptyas korros*. — Ces deux Serpents se ressemblent fort et ont les mêmes habitudes. — Sai-gon, Tay-ninh, etc. — [M. L.] Nobis.

Tropidonote, *Tropidonotus subminiatus*. — Ha-tien, Tay-ninh. — [M. L.] Nobis.

Tropidonote, *Tropidonotus quincunciatus*. — Ha-tien, Tay-ninh, Sai-gon. — [M. L.] Nobis.

Tropidonote, *Tropodinotus spilogaster*. — Tay-ninh, Sai-gon. — [M.L.] Nobis.

Tropidonote, *Tropidonotus stolatus*. — Tay-ninh. — [M. L.] Nobis.

Tous ces Tropidonotes, qui sont très-nombreux en Cochinchine, se nourrissent presque exclusivement de Batraciens. Ils n'ont pas le caractère doux de leurs congénères de France et se défendent vigoureusement.

Prymnomiodon, *Prymnomiodon chalceus.* — Loc...

Cerbère, *Cerberus rhynchops.* — Ce Serpent vivipare et inoffensif, malgré ses allures et son aspect un peu repoussant, habite les cours d'eau près de la mer, et nage parfois dans la mer même en poursuivant les petits poissons dout il se nourrit. Je l'ai pris en grande quantité à Ha-tien, sur le golfe de Siam, mais là seulement. — [M. L.] Nobis.

Hypsirhine plombée, *Hypsirhina plumbea.* — Serpent aquatique. — Tay-ninh, Sai-gon. — [M. L.] Nobis.

Hypsirhine de Bocourt, *Hypsirhina Bocourti.* — Serpent aquatique, trèsfort, très-robuste et excessivement sauvage. Vivipare. — Tayninh. — [J. Z. P.] Nobis. [M. L.] Nobis.

Hypsirhine de Dussumier, *Hypsirhina Dussumieri.* — Cochinchine. — [M. L.]

Hypsirhine à ligne blanche, *Hypsirhina albolineata.* — Tay-ninh, Saigon. — [M. L.] Nobis.

Hypsirhine de Jagor ou **maculée,** *Hypsirhina Jagorii* ou *maculata.* — Tay-ninh. — [M. L.] Nobis.

Hypsirhine, *Hypsirhina innominata.* — Petite espèce ; dos gris brun semé de petites taches noires formées par les écailles. Flancs noirs, ventre blanc jaune, envoyant de demi en demi-centimètre de petites bandes qui coupent le noir des flancs. — [M. L.] Nobis. — Tay-ninh.

Hypsirhine enhydre *Hypsirina enhydris.* — Cette espèce d'Hypsirhine, assez commune dans toute la Cochinchine, surtout à Go-cong et à Tay-ninh, est sauvage et intraitable comme la plupart des Hypsirhiniens, moins pourtant que l'Hypsirhine de Bocourt. Vivipare comme cette dernière, elle est aussi, comme elle, bourrée de parasites intestinaux, surtout de lombrics. Les Annamites disent d'elle « qu'elle mord comme un chien. » — Go-cong, Tay-ninh. — [M.L.] Nobis.

Homalopsis jouffue, *Homalopsis buccata.* — Cette belle espèce de serpent aquatique et vivipare, dont les jeunes sont si jolis avec les taches géométriques d'un noir luisant qui se dessinent sur le fond assez clair, habite toute la Cochinhine, mais semble surtout commune à Tay-ninh. — C'est une espèce très-robuste. — [M. L.] Nobis.

Herpeton tentacule, *Herpeton tentaculatum*. — Cet Ophidien aquatique, fort mal connu au commencement de ce siècle, a été depuis plus complétement étudié. Il est vivipare ; ses deux barbillons lui donnent une physionomie si caractéristique qu'ils suffisent à le faire reconnaître à coup sûr dès qu'on l'a vu une fois. Il paraît faire usage d'une alimentation mixte, animale (poissons) et végétale *(Jussiœa repens)*. Il n'est point rare à Tay-ninh, mais je ne le crois pas commun sur les autres points de l'Indo-Chine. — [J. Z. P.] Nobis. [M. P.] Nobis. [M. L.] Nobis.

Psammodynastes pulvérulent, *Psammodynastes pulverulentus*. — N'a été rencontré par moi qu'à Tay-ninh, pays montagneux et boisé, à sentiers forestiers plus ou moins sablonneux. Trois variétés : le type gris, le rouge et le noir, comme chez nos vipères. —[M. L.] Nobis.

Gonyosome à tête pointue, *Gonyosoma oxycephalum*. — Cette grande espèce de Serpent d'arbre habite surtout la montagne de Nui-badinh, près de Tay-ninh. En captivité, il se laisse mourir de faim. — [M. L.] Nobis.

Dendrophis peinte, *Dendrophis picta*. — Cette espèce de Serpents d'arbre se rencontre par toute l'Indo-Chine : Chau-doc, Sai-gon, Hatien, Tay-ninh, etc. — [M. L.] Nobis.

Dendrophis jolie, *Dendrophis formosa*. — Tay-ninh, Sai-gon. —[M. L.] Nobis.

Chrysopélée ornée, *Chrysopelea ornata*. — Splendide Serpent d'arbre vert, jaune et noir. Les colons l'appellent Serpent siffleur. Trèscommun par toute la Cochinchine, excepté peut-être à Tay-ninh, où, pendant un séjour de sept mois, qui fut marqué par la capture de plusieurs centaines d'Ophidiens, je ne me procurai qu'une Chrysopélée. — [M. P.] Nobis. [M. L.]

Tragops vert, *Tragops prasinus*. — Ce beau Serpent d'arbre se rencontre par toute la colonie. A Tay-ninh, indépendamment de l'espèce type, qui est d'un beau vert foncé, je pris deux variétés, une jaune d'or et l'autre blanc presque pur, à peine lavé de vert. Le bord des écailles a une mince raie noire qui n'apparaît que lorsque l'animal, gonflant son corps, écarte ses écailles et les redresse. Ce phénomène, qui se produit instantanément sous l'empire d'une émotion vive, surprend assez pour faire croire à un changement réel de couleur. — Poulo-Condor, Mytho, Sai-gon, Tay-ninh. — [M. L.] Nobis.

Tragops à zone jaune, *Tragops xanthizonus*. — C'est la variété jaune de l'espèce précédente, dont quelques auteurs ont fait une espèce particulière. — Tay-ninh. — [M. L.] Nobis.

Passerita à long nez, *Passerita mycterizans, Dryinus nasutus* (D. B.). — Ce très-beau Serpent d'arbre, à qui le prolongement des écailles antérieures du maxillaire supérieur donne une physionomie toute spéciale, se rencontre par toute la Cochinchine. Un individu, venant de l'île de Poulo-Condor présente une taille d'une ampleur si insolite, qu'il y aura peut-être lieu plus tard d'en faire une espèce particulière. — [M. L.] Nobis.

Dipsas tachetée, *Dipsas multimaculata*. — Ce Serpent d'arbre, à fond rose sale marbré de taches d'un rougeâtre glacé, est le dernier que j'aie capturé à Saigon, dans les branches d'un goyavier. — Il se rencontre dans toute la colonie, mais paraît moins commun à Tay-ninh qu'à Sai-gon, par exemple. — [M. L.] Nobis.

Dipsas dendrophile, *Dipsas dendrophila*.

Dipsas bubaline, *Dipsas bubalina*. — Tay-ninh, Sai-gon. — [M. L.] Nobis.

Dipsas irrégulière, *Dipsas irregularis*. — Tay-ninh. — [M. L.] Nobis.

Leptognathe à perles, *Leptognathus margaritophorus*. — Cochinchine. — [M. P.]

Lycodon aulique, *Lycodon aulicus*. — Cet Ophidien, fort bien denté, n'a été rencontré par moi qu'à Tay-ninh. — [M. L.] Nobis.

Lycodon du Laos, *Lycodon Laoensis*. — Loc...

Lycodontien. — Genre voisin du genre Ophites. Taille : quarante-deux centimètres, écailles lisses en dix-sept rangs. Blanc jaune à grandes taches noires sur le dessus de la tête et le dos jusque vers la moitié du corps, taches beaucoup plus petites sur le restant du corps, neuf superlabiales, la quatrième, la cinquième et la sixième touchant l'œil, une présusoculaire, une frénale, deux postoculaires et deux temporales. — Tay-ninh. — [M. L.] Nobis.

Ophites, *Ophites subminiatus*. — Loc...

Pareas carénée, *Pareas carinata*. — Tay-ninh. — [M. L.] Nobis.

Pareas lisse, *Pareas lœvis*. — Loc...

Python réticulé, *Python reticulatus* ou *Schnederii*. — Ce Python est très-commun dans l'Indo-Chine et ne nuit nullement à l'homme. Il vit surtout aux dépends des Rongeurs, rats et lièvres. Le plus grand que j'aie ouvert (4 mètres de long) contenait un lièvre à moitié digéré, plus trois parasites, un dans le poumon, les deux autres dans le tube digestif. — [M. L.] Nobis. [J. Z. S.]

OPHIDIENS VENIMEUX

Les plus connus sont les Hydrophis, les Trimeresures et les Najas.

Naja ou Cobra Capelle ou Serpent à lunettes, *Naja tripudians*. — Cet Ophidien est commun par toute l'Indo-Chine ; je l'ai rencontré notamment à Sai-gon, Go-cong, Mytho, Ha-tien, Tay-ninh. L'espèce ou la variété cochinchinoise est toujours de couleur très-foncée et n'a pas habituellement la paire de lunettes correctement dessinée. C'est le plus souvent un simple ovale à deux teintes jaune et brun noir ou un V plus ou moins ouvert. — [M. L.] Nobis.

Bongare annelé, *Bungarus fasciatus*. — Ce grand Serpent venimeux, à queue en forme de battoir, habite surtout l'est et le nord-est de la colonie. Il dévore parfois les autres Ophidiens, notamment le *Xenopeltis unicolor* et l'*Hypsichina plumbea*. — Go-cong, Mytho, Tay-ninh. — [M. L.] Nobis.

Bongare semi-annelé, *Bungarus semi-fasciatus*. — De taille inférieure à celle du précédent ; il habite les mêmes localités. — Tay-ninh. — [M. L.] Nobis.

Callophis maculiceps, *Callophis maculiceps*. — De taille assez petite. Ce Serpent venimeux habite toute la colonie. — [M. L.] Nobis.

Plecture de Fischer, *Plecturus Fischeri*. — Loc...

Hydrophis de Lindsay, *Hydrophis Lindsayi*. — Loc...

Hydrophis à tête noire, *Hydrophis atriceps*. — Loc...

Hydrophis d'Elliot, *Hydrophis Elliotii*. — Ces Hydrophis sont les seules espèces qui soient expressément indiquées comme se rencontrant

dans les eaux de la presqu'île indo-chinoise, mais, vu l'aire géographique étendue de la plupart des espèces de ce genre, il est
probable qu'on pourrait dès à présent faire rentrer dans cette liste
la plupart des Hydrophis qui fréquentent le golfe du Bengale et la
mer de Chine.

Enhydre du Bengale, *Enhydra Bengalensis.* — Un seul individu m'a été
donné à Sai-gon. J'ignore sa provenance. — [M. L.] Nobis.

Trimeresure erythré, *Trimeresurus erythrurus (Bothrops viridis).* —
Ce beau Serpent venimeux, à forme de vipère, est commun dans
l'Indo-Chine. C'est le seul que j'aie rencontré, bien qu'il diffère
peu de l'espèce suivante, notée par Gunther comme appartenant à
la faune de l'Indo-Chine. — [M. L.] Nobis.

Trimeresure vert, *Trimeresurus (Bothrops) gramineus.* — Loc... —
(Gunther.)

Calloselma rhodostoma. — Loc... — (Gunther.)

CHÉLONIENS

Tortue caret, *Chelonia imbricata.* — Ne se trouve guère en Cochinchine
qu'aux environs de l'île de Phu-quoc, dans le golfe de Siam. C'est là
que se font tous les ouvrages en écailles qui servent d'ornements
aux indigènes, surtout aux Annamites.

Tortue franche, *Chelonia mydas.* — Cette espèce, de très-grande taille,
se prend sur tous les rivages de la colonie : Phu-quoc, Ha-tien, presqu'île du Rach-gia, etc. Sa chair, excellente, se débite dans tous
les villages près de la mer. — [M. L.] Nobis.

Tortue allongée, *Testudo elongata.* — Tortue terrestre à carapace jaune
tachetée de noir. Habite les bois. — Tay-ninh. — [M. L.] Nobis.

Cistude d'Amboine, *Cistudo Amboinensis* ou *Cuora Amboinensis.* —
Cette jolie Tortue, semi-aquatique, a la tête entourée d'un cercle
d'or à sa partie supérieure. Son plastron, plat chez les femelles,
concave chez les mâles, est formé de deux pièces mobiles qui peuvent enfermer l'animal plus complétement qu'aucun autre Chélo-
nien à la moindre apparence de danger. — Habite la plupart des
eaux douces de la Cochinchine. — [J. Z. P.] [J. Z. S.] Nobis.
[M. P.] [M. L.] Nobis.

Cyclémys dhor ou **Cistude dentée**, *Cyclemys dhor*, *Cistudo dentata*. — Poulo-Condor. — Tay-ninh. [M. L.] Cochin-chine. [M. P.]

Pyxidea de Mouhot, *Pyxidea Mouhotii*. — Cochinchine, Laos. [M. P.] GUNTHER.

Géomyde de grande taille, *Geomyda grandis*. — Se trouve au Cambodge, d'après GUNTHER. — Loc... — [M. P.]

Émys à cou épais, *Emis crassicollis*. — Cette Tortue aquatique à carapace noire et à tache latérale au cou, se rencontre dans la plupart des marais. — Tay-ninh, Poulo-Condor. — [M. L.] NOBIS.

Émys à trois carènes, *Emys trijuga*, *idem*. — Tay-ninh. — [M. L.] NOBIS.

Émys de Reevess, *Emys Reevesii*. — Cochinchine, Laos. — [M. P.] GUNTHER.

Émys d'Hamilton, *Emys Hamiltonii*. — Cochinchine. —[M. P.]

Émys à grosse tête, *Emys macrocephala*. — Cambodge , Cochinchine. [M. P.] GUNTHER.

Émys siamoise, *Emys Siamensis*. — Cochinchine. — [M. P.]

Trionyx à carène, *Trionyx carinifera*. — Cette Tortue, d'énorme taille, a de particulier sa carapace, qui n'est dure qu'au centre, et son long cou, grâce auquel, seule peut-être entre tous les Chéloniens, elle se relève avec rapidité quand elle est sur le dos. Ses puissantes mandibules font de cruelles blessures. Elle paraît assez farouche, et refuse la nourriture en captivité. Est mangée par les indigènes. — Elle habite la plupart des eaux douces de l'Indo-Chine, surtout aux environs de Tay-ninh. — [M. L.] [I. Z. S.] NOBIS.

Trionyx ornée, *Trionyx ornatus* ou *Gymnopus ornatus*. — Cambodge, Cochinchine. — [M. P.] GUNTHER.

Tetraonyx de Lesson, *Tetraonyx Lessonii* ou *Battagur Baska*. — Cochinchine. — [M. P.]

BATRACIENS

Oxyglossus lima. — Tay-ninh. — [M. L.] NOBIS.
Rana cyanophlictis. — Tay-ninh, Sai-gon. — [M. L.] NOBIS.
Rana vittigera ou *gracilis*. — Sai-gon. — [M. L.] NOBIS
Rana hexadactyla. — Grenouille d'assez forte taille que l'on mange. — Ha-tien. — [M. L.] NOBIS.

Cacopus cystoma. — Tay-ninh. — [M. L.] Nobis.

Deplopelma ornatum, Engystoma ornatum. — Tay-ninh. — [M. L.]
* Nobis.

Bufo melanostictus. — Le plus commun des crapauds de la Cochinchine. — Tay-ninh, Sai-gon. — [M. L.] Nobis.

Bufo asper. — Tay-ninh. — [M. L.] Nobis.

Bufo galeatus. — Loc...

Hylorana macularia ou *Gymnodytes macularius.* — Tay-ninh. —
[M. L.] Nobis.

Polypedates maculatus ou *Polypedates leucomystax.* — Tay-ninh,
Sai-gon. — [M. L.] Nobis.

Callula pulchra ou *Hylœdactylus Bivittatus.* — C'est la *Grenouille-
Bœuf* des colons. Muette pendant les cinq mois de saison sèche,
elle pousse ses cris odieusement sonores pendant la saison des
pluies, et surtout au moment des orages. — Toute la Cochinchine.
— [M. P.] [M. L.] Nobis.

Epicrium glutinosum. — Cette espèce de Batracien, en forme de
Serpent, habite habituellement le pied des haies et la terre meuble.
Elle est très-redoutée des indigènes et des colons. — Tay-ninh,
Sai-gon. — [M. L.] Nobis.

POISSONS

SÉLACIENS

Scyllium maculatum ? — Golfe de Siam, mer de Chine.

Chiloscyllium punctatum ? — Golfe de Siam, mer de Chine.

Carcharias acutus. — Golfe de Siam, mer de Chine.

Carcharias lamia. — Golfe de Siam, mer de Chine.

Cestracion zygœna ou *Zygœna mallœus.* — Très-commun sur la côte

ouest de la Cochinchine. Je l'ai vu souvent sur le marché d'Ha-
tien ; les indigènes en mangent la laitance.

Mustela vulgaris. — Golfe de Siam, mer de Chine.

Pristis semisagittatus ou *Scie.* — Très-commun sur la côte ouest de
la Cochinchine ; remonte parfois les fleuves ; j'en ai vu capturer
non loin de Ta-nan.

Rhinobatus annulatus. — Golfe de Siam, mer de Chine.

Astrape dipterygia. — Mer de Chine.

Raia Chinensis. — Mer de Chine, golfe de Siam. — Dans l'île de
Phu-quoc, sur les côtes de la Cochinchine, dans l'île de Poulo-Condor, on pêche une quantité considérable de raies. La queue de la
raie servait autrefois à donner la bastonnade ; de là le terme usité
en Cochinchine : « Donner la *ca doui*, » (mot à mot : poisson-
queue), pour exprimer cette punition de mode chinoise.

Platyrhina Sinensis. — Cochinchine.

Trygon uarnak. — Cochinchine.

LOPHOBRANCHES

Hippocampus Kuda. — Mer de l'archipel Indien.

Hippocampus comes. — Cochinchine, Ha-tien.

Hippocampus rhinchomacer. — Cochinchine.

Syngnathus pennicillus, var. — Ha-tien, Chau-doc. — Est mangé par
les indigènes et les colons. — [M. L.] Nobis.

ACANTHOPTORYGIENS

Holocentrum rubrum. — Mer de Chine. — Day.

Serranus Bontoo. — Mer de Chine, région sud.

Serranus diacanthus ? — Mer de Chine.

Serranus formosus ? — Mer de Chine.

Diacope rivulata ? — Mer de Chine.

Mesoprion Johnii. — Mer de Chine, région sud, estuaires.

Mesoprion fulviflamma. — Mer de Chine, région sud, estuaires.

Mesoprion Madras ? — Mer de Chine, estuaires.

Upeneus Indicus ? — Mer de Chine.

Chrysophrys hasta. — Mer de Chine, région sud.

Holacanthus, sp.? — Ha-tien.

Scatophagus argus. — Mer de Chine, sud, entre les deux rivières.

Ephippus orbis. — Mer de Chine, région sud.

Drepane punctata. — Mer de Chine, région sud.

Toxotes jaculator. — Mer de Chine, région sud.

Toxotes microlepis. — Siam.

Pterois volitans. — Mer de Chine, région sud.

Pterois antennata. — Cochinchine.

Sillago sihama. — Mer de Chine, région sud.

Corinna albida. — Mer de Chine, région sud.

Polynemus paradiseus ? — Siam.

Sphyræna jello ? — Mer de Chine.

Trichiurus haumela ? — Mer de Chine et estuaires.

Scomber Kanagurta ? — Mer de Chine.

Elacate nigra. — Mer de Chine.

Echneis remora ou *remore.* — Mer de Chine, golfe de Siam. Se
rencontre fréquemment sur la côte ouest de la Cochinchine, notamment à Ha-tien. On le prend souvent avec le marteau. — [M. L.]
Nobis.

Stromateus argenteus. — Mer de Chine, golfe de Siam. — On le prend
sur la côte ouest de la Cochinchine. Il est d'un blanc d'argent splendide et taché de noir à la partie supérieure du corps.

Caranx hippos. — Mer de Chine. — Il doit y avoir d'autres espèces
de Caranx qui n'ont pas été étudiées dans cette région.

Corinemus santipetri. — Mer de Chine.

Platax teira ? — Mer de Chine.

Equula fasciata ? — Mer de Chine.

Gobius giurus. — Poisson d'eau douce, pris à Tay-ninh.

Eliotris butis ? — Mer de Chine, région sud.

Eliotris Siamensis. — Siam.

Trypauchen vagina. — Mer de Chine et estuaires.

Antennarius marmoratus. — Mer tropicale.

Periophthalmus Koelreuterii. — Ce poisson habite les terrains inondés près de la mer ; il fait dans la vase des trous circulaires, et, à
l'extrémité d'un rayon de ce cercle très-géométrique, il se creuse
une retraite plus profonde où il s'introduit à reculons. Il nage

comme par sauts et la tête élevée ; il grimpe très-bien sur les
pierres et même sur les racines des palétuviers. — Toute la Cochinchine. — [M. L.] Nobis.

Teuthis Javus. — Mer de Chine, sud.

Mugilus sundanensis ? — Mer de Chine, région sud.

Ophiocephalus striatus. — Eau douce, Siam.

Ophiocephalus Siamensis et micropeltes. — Siam.

Ophiocephalus Kelaarti ou *gachua.* — Eau douce. — Tay-ninh. —
[M. L.] Nobis.

Mastacemblus armatus ? — Eau douce. — Chine.

Mastacemblus argus. — Eau douce. — Siam.

Notopterus Kapirat. — Eau douce. — Tay-ninh. — [M. L.] Nobis.

Platyglossus nigrescens ? — Mer de Chine, région sud.

MALACOPTÉRYGIENS

Belone caudimaculata ? — Mer de Chine, région sud.

Bregmaceros Macclellandi ? — Mer de Chine, région sud.

Plagusia marmorata. — Eau douce. — Tay-ninh.

Silurus, sp.? — Ile de Phu-quoc. — Portion du crâne seulement. —
[M. L.] Nobis.

Macrones cavasius. — Eau douce. — Tay-ninh. — [M. L.] Nobis.

Macrones tengara. — Eau douce. — Tay-ninh. — Les indigènes se
blessent parfois en pêchant ces animaux. — [M. L.] Nobis.

Saccobranchus singio. — Cochinchine.

Harpodon neherens. — Mer de Chine, région sud, estuaires.

Chirocentrus dorab. — Mer de Chine, région sud.

Elops machinata ? — Mer de Chine, sud.

Barbus gibbosus (Buch). — Tay-ninh. — [M. L.] Nobis.

— *Laoensis.* — Cochinchine.

— *altus.* — Eau douce. — Siam.

— *gonionatus.* — Eau douce. — Siam.

— *deauratus.* — Cochinchine.

Engraulis Brownii ? Mer de Chine, sud.

Clupea scombrina, ou une espèce très-voisine de cette *Oil-sardine,* se
pêche sur les Côtes de Cochinchine, surtout celles de l'île de Phu-

quoc. Les Annamites font avec elle de la saumure très-estimée appelée *nuoc-mam*.

Muraena maculata ? — Mer de Chine, sud.

Muraenesox telabon ? — Mer de Chine et estuaires.

Ostracion tetragonus. — Mer de Chine, sud.

Doryophrys tuberculatus. — Ha-tien, golfe de Siam. — [M. L.] Nobis.

Tetraodon albopunctatus. — Eau douce des grands fleuves. — Tay-ninh. — Très-redouté des baigneurs auxquels ses mandibules cornées infligent parfois de cruelles mutilations. — [M. L.] Nobis.

Tetraodon, sp. — Tay-ninh. — [M. L.] Nobis.

Crayracion testudineus. — Mer de Chine, sud.

Balistes sp.? — Cochinchine.

Triacanthus biaculeatus. — Mer de Chine, sud.

Poisson de combat, sp. indéterminée. — Toute la Cochinchine. — Eau douce. — Animal dont le caractère belliqueux sert aux plaisirs des indigènes ; il vit presque exclusivement de larves de moustiques. — [M. L.] Nobis.

INSECTES

COLÉOPTÈRES

CARABIQUES

Il existe en Cochinchine de nombreuses espèces de Carabiques ; les Cincidèles vraies, les Colliuris et les Pheropsophus sont les genres les plus intéressants.

Cicindela nivicincta (notée de Hong-kong dans la collection Fairmaire). — Petite. Vert clair uniforme, avec une mince baguette jaunâtre courant sur le côté des élytres et une tache sur chaque élytre ; longues pattes. — Sentiers sablés des bois et plages. — Ha-tien, île de Phu-quoc, avril, mai. — [M. L.] Nobis.

Cicindela, sp. — Petite. Élytres vertes avec bordure festonnée et points blancs jaunâtres ; abdomen : centre bleu métallique, côtés pubescents ; pattes vert métallique. — Bois sablonneux de Phu-quoc.

Cicindela, sp. — Petite. Élytres vert sombre, avec trois baguettes or cuivreux perpendiculaires à l'axe du corps. — Toutes les plages de l'île de Phu-quoc.

Cicindela, sp. — Élytres vert métallique un peu terne, et, sur chaque élytres, trois lignes et un point jaune testacé. Cercle irrégulier de même couleur sur le corselet. Longueur : un peu plus de 1 centimètre. — Boue à peine séchée. — Sai-gon, décembre.

Cicindela, sp. — Tête et corselet verts ; élytres vert noir avec une longue bande et une tache vert doré ; parties latérales de la tête, du corselet, et la partie latérale qui suit la naissance de la seconde paire de pattes d'un beau bleu de Prusse. Empreinte sur le corselet. Grande espèce. — Ha-tien, mai. — [M. L.] Nobis.

Cicindela, sp. — Élytres fond vert sombre ; sur chaque élytre, trois petites baguettes et quatre points dorés cuivreux. — Ha-tien, mai. — [M. L.] Nobis. — Var. Élytres vert noir ; sur chaque élytre, sept bandes ou taches d'un vert doré ; tête et corselet verts ; deux taches d'un vert noir sur le corselet. — Ha-tien. — [M. L.] Nobis.

Cicindela, sp. — Élytres vert foncé avec quatre points dorés et une mince côte noire dans l'axe ; tête et corselet vert clair métallique ; yeux noirs très-globuleux ; abdomen noir bleu, un peu pubescent sur le côté. — Ha-tien. Chemin entre deux bois.

Cicindela, sp. — Élytres vert foncé mordoré, sans tache, mais nombreuses impressions comme chagrinées ; labre jaunâtre ; yeux noirs ; corselet avec une mince ligne vert clair latérale ; pattes vert métallique, pubescent sur les côtés. La plus petite des cicindèles de Phu-quoc. — Chemin entre deux prairies, mai. — [M. L.] Nobis.

Cicindela, sp. Élytres vert uniforme avec trois points jaunâtres sur la seconde moitié de chaque élytre. — Ha-tien. — [M. L.] Nobis.

Cicindela tenuipes (Dejean). — Cochinchine. Loc...

Cicindela marginepunctata (Dejean). — Cochinchine. Loc...

7

Tricondyle aptère. — Long carabique noir, voisin comme forme du genre suivant. — Tay-ninh. — [M. L.] Nobis.

Colliuris flavicornis ou *Collyris flavicornis*. — Long et svelte carabique. Tête et yeux gros ; corps très-allongé ; couleur générale bleu métallique foncé, pointillé sur les élytres ; pattes longues, grêles, sans échancrures ; cuisses fauves et jambes noires ; élytres s'élargissant un peu à l'extrémité postérieure ; antennes filiformes légèrement renflées à l'extrémité. Vole très-rapidement, au grand soleil, sur les plantes où il cherche des insectes à dévorer. — Toute la Cochinchine et notamment Sai-gon, Ha-tien et Tay-ninh. — [M. L.] Nobis.

Pheropsophus ou *Pheroscopus discicollis*. — Gros Brachine. Élytres fond jaune testacé avec de larges taches noires ; la dernière moitié de l'abdomen noire, le reste, ainsi que les pattes, jaune testacé ; antennes testacées à onze articles, le deuxième très-petit. Quand on le saisit, il fait entendre une détonation bruyante ; il produit un gaz à odeur sulfureuse et qui teint la peau et les ongles en rouge noirâtre ; cette coloration ne s'en va qu'avec la chute de l'épiderme. — Go-cong, Ha-tien, Sai-gon, Tay-ninh ; sous les pierres. — [M. L.] Nobis.

Scarytes, sp. — Tay-ninh. — [M. L.] Nobis.

Scarytes, sp. — Tay-ninh. — [M. L.] Nobis.

Platymetopus quadrimaculatus (Dejean). — Beau carabique à quatre taches assez grandes, jaune d'or sur les élytres ; le fond est noir. — Tay-ninh ; rare. — [M. L.] Nobis.

Carabique. — Petit, doré. Genre ? — Sai-gon. — [M. L.] Nobis.

Carabique. — Petit, noir. Genre ? — Sai-gon. — [M. L.] Nobis.

Carabique. — Genre ? Corselet vert bronzé, glacé ; élytres vert sombre à côtes parallèles à l'axe et peu élevées. — Sai-gon. — [M. L.] Nobis.

Carabique. — Genre ? Jaune ocre glacé ; le thorax étranglé d'une manière notable en se joignant à l'abdomen ; antennes filiformes. — Tay-ninh. — [M. L.] Nobis.

Carabique. — Genre ? Brun rouge glacé, uniforme ; antennes filiformes. — Sai-gon. — [M. L.] Nobis.

Carabique. — Genre ? Trapu ; d'un vert sombre à élytres, à côtes parallèles et peu marquées. — Sai-gon. — [M. L.] Nobis.

Carabique. — Genre? Vert noirâtre aux pattes, antennes et pourtour des élytres jaune testacé : antennes filiformes. — Sai-gon. — [M. L.] Nobis.

HYDROCANTHARES

Noterus, sp. — Tay-ninh. — [M. L.] Nobis.

Eunectes sticticus (Fairmaire). — Tay-ninh. — [M. L.] Nobis.

Cybister Javanicus (Fairmaire). — Très-légère bordure jaune testacée sur les élytres et le corselet et bande de même couleur au front ; les deux premières pattes jaunes, les autres noires. — Ile de Phu-quoc, Tay-ninh. — [M. L.] Nobis.

Cybister Temminchi. — Loc... — [M. L.] Nobis.

STERNOXES

Les splendides Buprestes et les grands Taupins caractérisent surtout cette famille.

Sternocera œquesignata (Fairmaire). — Tay-ninh. —[M. L.] Nobis.

Belionota scutellaris (Fairmaire). — Tay-ninh. — [M. L.] Nobis.

Agrypnus N., sp. — Tay-ninh. — [M. L.] Nobis.

Bupreste, sp. — Élytres bleu de prusse ou bleu verdâtre, avec une large tache rouge , elles sont sillonnées dans le sens de l'axe. Taille moyenne. La femelle n'a pas la tache rouge ; pour le reste, elle ressemble au mâle. — Très-commun à Ha-tien; mai. — [M. L.] Nobis.

Bupreste, sp. ? — Dos absolument vert métallique, sauf deux bandes jaune orange sur les élytres, l'une à la base et l'autre dans la seconde moitié ; ces bandes sont perpendiculaires à l'axe du corps. Grande taille, longueur : quatre centimètres et demi. — Serait très-commun dans l'île de Poulo-Condor, est rare sur le continent; pris quelques individus à Ha-tien et Tay-ninh. —[M. L.] Nobis.

Bupreste, sp. ? — Beau jaune doré, à reflets bleus. Corselet chagriné ; base de chaque élytre avec une dépression pleine d'une petite touffe de poils jaunes. Grande taille. — Très-commun à Tay-ninh — [M.L.] Nobis.

Bupreste, sp.? — Doré. Petite taille. — Tay-ninh. — [M. L.] Nobis.

Bupreste, sp. ? — Doré, à corselet trapézoïde. — Tay-ninh. — [M. L.] Nobis.

Bupreste, sp. ? — Doré, à stries. — Tay-ninh. — [M. L.] Nobis.

Bupreste, sp. ? — Bronzé, à thorax carré. — Tay-ninh. — [M. L.] Nobis.

Bupreste, sp. ? — Bronzé, à thorax rouge cuivreux. — Tay-ninh. — [M. L.] Nobis.

Bupreste, sp. ? — Corselet mordoré à deux impressions ; élytres vert sombre, sillonnées ; corps plat plutôt que globuleux. — Ha-tien. — [M. L.] Nobis.

Taupin, sp. ? — Noir étincelant, vernissé et pubescent. — Ha-tien. — [M. L.] Nobis.

Taupin, sp. ? — Abdomen sanguin ; dos gris ; élytres finement striées. — Hatien. — [M. L.] Nobis.

Taupin, sp. ? — Cuivreux. — Tay-ninh. — [M. L.] Nobis.

Taupin, sp. ? — Géant ; longueur : 7 centimètres et demi. — Tay-ninh. — [M. L.] Nobis.

MALACODERMES

Cebrionite. — Nouveau genre, nouvelle espèce. — Tay-ninh. — [M. L.] Nobis.

Lycus opicida (Dejean). — Cochinchine. Loc...

Lampyris, sp. — Femelle ; longueur : plus de six centimètres. — Montagne de Tay-ninh. — [M. L.] Nobis.

Lampyris, sp. — Élytres rouges, à taches noires postérieurement. — Sai-gon. — [M. L.] Nobis.

Lampyris, sp. — Sai-gon, Ha-tien.

CLAVICORNES

Hololepta Indica. — Sous les excréments de bœufs. — Tay-ninh.

PALPICORNES

Hydrophilus, sp. ? — Tay-ninh. — [M. L.] Nobis.

Hydrous, sp. ? — Tay-ninh. — [M. L.] Nobis.

LAMELLICORNES

Les Lamellicornes comptent de très–nombreuses et de très–belles espèces. Le *Scarabeus Gedeon,* un *Ateuchus* énorme, les *Macronata,* l'*Agestrata* et le *Chalcosoma* sont les plus caractéristiques.

Gymnopleurus sinuatus. — Tay-ninh. — [M. L.] Nobis.

Ateuchus, sp. — De très-grande taille. — Tay-ninh. — [M. L.] Nobis.

Ateuchus, sp. — De petite taille. — Tay-ninh. — [M. L.] Nobis.

Copris melossus (Fairmaire). — Tay-ninh. — [M. L.] Nobis.

Copris Midas (Fairmaire). — Tay-ninh. — [M. L.] Nobis.

Copris, sp. — Tay-ninh. — [M. L.] Nobis.

Copris, sp. — Tay-ninh. — [M. L.] Nobis.

Onthophagus œnesiens ? — Tay-ninh. — [M. L.]

Onthophagus seniculus (Fairmaire). — Tay-ninh. —[M. L.] Nobis.

Onthophagus buculus (Dejean). — Cochinchine. — Loc... ?

Onthophagus oryx. — Tay-ninh. — [M. L.] Nobis.

Onitis sphinx (Fairmaire). — Tay-ninh. — [M. L.] Nobis.

Oryctes rhinoceros (Fairmaire). — Tay-ninh. — [M. L.] Nobis.

Anomale luculenta ? — Tay-ninh. — [M. L.] Nobis.

Scarabeus Gedeon (Fairmaire). — Grand et beau Lamellicorne noir, à tête ornée de deux cornes, une supérieure, une inférieure. On le prend en grand nombre, les mâles et les femelles, à Sai-gon, sur une espèce de rosacée à fleurs bleues. — [M. L.] Nobis.

Adoretus anchorus. — Tay-ninh. — [M. L.] Nobis.

Macronota, sp. (Notée du Cambodge, collection Fairmaire). — Fond noir avec deux bandes jaunes sur la tête, une médiane sur le corselet, une médiane bi-concave en dehors sur chaque élytre, à l'union des élytres entre elles, et trois taches jaunes sur chaque élytre. — Bois de l'île de Phu-quoc, avril, Tay-ninh, juin. — (M. L.] Nobis.

Macronota nigra, sp. — Toute la partie dorsale de l'insecte est d'un beau noir velouté, sauf une large zone sur les élytres, affectant la forme d'un U ouvert en avant, et du plus beau rouge velouté. Abdomen noir, brillant. Rare. — Phu-quoc, avril. — [M. L.] Nobis.

Agestrata Chinensis (presqu'île des Malais, collection Fairmaire).— Splendide Cétoine. Dos vert glacé. Abdomen rouge, testacé à empreintes noires. Cuisses, rouge testacé, tarses et pattes noires. Cette espèce, longue d'environ 6 centimètres, ne paraît pas très-commune. — Phu-quoc, avril, Tay-ninh. — [M. L.] Nobis.

Lucanus cervus. — De plus petite taille que celui d'Europe; mais, du reste, lui ressemble fort. Longueur totale : 3 centimètres. — Ha-tien. — [M. L.] Nobis.

Lucanus, sp. — Tay-ninh.

Chalcosoma, sp. (Fairmaire). — Énorme Scarabé noir à trois cornes, une céphalique médiane et deux appartenant au corselet. Vit sur les rotins épineux, dans les environs de Tay-ninh, au mois de juin. Ne paraît pas très-commun. C'est le plus grand des Coléoptères de la Cochinchine. — [M. L.] Nobis.

ESPÈCES MAL DÉTERMINÉES

Cetonia ? — Vert sombre, pubescent à taches jaunes sur les élytres, qui sont terminées par une pointe. — Ha-tien.

Genre ? sp. ? — Fond fauve glacé avec taches et points noirs. — Ha-tien

Genre ? sp. ? — Cétoine vert métallique. — Ha-tien.

Genre ? sp. ? — Cétoine à élytres et à corselet verts, et sur ce fond deux points blancs pour le corselet, et huit pour chaque élytre. — Ha-tien.

TAXICORNES

Conyphus depressus. — Tay-ninh. — [M. L.] Nobis.

VÉSICANTS

Cantharis, sp. ? — [M. L.] Nobis.

Cantharis, sp. ? — [M. L.] Nobis.

Mylabris, sp. ? — Ressemble fort à une espèce européenne. Fond jaune rouge claire. Trois bandes noires sur chaque élytre ; tête, corselet, abdomen, noir bleu.

Mylabris, sp. ? — Antennes moniliformes à anneaux foncés; tête rouge sombre ; corselet noir ; abdomen renflé à son extrémité ; élytres fauve chamois, ayant chacune près du corselet deux petites taches noires et se terminant postérieurement par une énorme tache noire.

Elles ne recouvrent pas complétement l'abdomen, mais laissent voir les derniers anneaux qui sont noirs ; abdomen et pattes absolument noirs ; se contracte et se laisse tomber pour échapper à un ennemi. — Odeur de coccinelle. — Octobre, Sai-gon ; en grand nombre sur un arbuste épineux. — [M. L.] Nobis.

CURCULIONITES

Apoderus olorinus (Dejean). — Cochinchine. — Loc...

Atelabus, sp.? — Tay-ninh. — [M. L.] Nobis.

Calandra longipes. — Tay-ninh. — [M. L.] Nobis.

Calandra, sp.? — Espèce de très-grande taille, assez semblable à la précédente ; élytres rougeâtres à stries longues ; trompe unie. — Sur les bambous. — Tay-ninh. — [M. L.] Nobis.

Calandra, sp.? — Tête trapue ; antennes faibles ; ventre d'un beau noir vernissé ; corselet brun foncé ; élytres rougeâtres à stries ; grande taille. — Ha-tien.

Charançon. Genre ? sp.? — Noir, avec une ceinture blanc vert ; élytres sillonnées avec quatre points foncés ; dernier anneau des antennes aplati. — Ha-tien.

Charançon. Genre ? sp.? — Brun rouge, avec un cou gigantesquement long. — Apoderus ? — Ha-tien.

Charançon. Genre ? sp.? — Poudré vert doré. — Tay-ninh. — [M. L.] Nobis.

Huit autres espèces de Charançons, au moins, non déterminées.

LONGICORNES

Les Longicornes sont, avec les Lamellicornes, la famille des Coléoptères la plus riche en représentants.

Polyzonus bicinctus (Chine, collection Fairmaire). — Élytres bleu de Prusse foncé, avec deux bandes jaune rouge perpendiculaires à l'axe la seconde plus large que la première, qui est parfois remplacée par deux points de la même couleur. — Longicorne à odeur de rose légèrement musquée. — Mai ; Ha-tien, sur le gramen, Tay-ninh. — [M. L.] Nobis.

Stromatium asperulum (Fairmaire). — [M. L.] Nobis.

Clythus annulosus (FAIRMAIRE). — [M. L.] NOBIS.

Cerosterna Dejanii (FAIRMAIRE). — Longicorne à manchon de poil noir aux antennes; élytres rougeâtres à marqueterie noire. — Se prend presque exclusivement sur les goyaviers. — Sai-gon, fossés de l'ancienne citadelle. — [M. L.] NOBIS.

Batocera nova species (FAIRMAIRE). — [M. L.] NOBIS.

Xylorhiza venosa (FAIRMAIRE). — Élytres striées de fauve clair et de fauve brun ou noir, à reflets. — Trouvé sous le bois mort. — Ha-tien. — [M. L.] NOBIS.

Sphenura fulia (FAIRMAIRE). — [M. L.] NOBIS.

Sphenura, sp.? (FAIRMAIRE). — Région dorsale bleu de Prusse scintillant et pubescent, et là-dessus deux petites taches à la tête, une grande médiane au corselet, et dix symétriques sur les élytres; toutes ces taches sont d'un blanc bleu; abdomen blanc avec quelques empreintes noires; pattes rouges, à taches noires à la naissance de la jambe. Rare. — Phu-quoc, avril.

Purpuricenus Phuquokensis ? — Dos pourpre partout, sauf un petit écusson noir et une large tache noire à l'extrémité postérieure des élytres; pattes, antennes, yeux noirs; à la face abdominale; tête et thorax pourpre un peu pâle; abdomen noir. Pas commun. — Phu-quoc, avril.

ESPÈCES NON DÉTERMINÉES

Genre? sp.? — Dos fond jaune vert; quatre taches noires sur le corselet; ligne noire bordant chaque élytre et de plus un point noir et une ligne noire sur le milieu de chaque élytre. — Ha-tien.

Genre? sp.? — Dos fond verdâtre avec taches noires; élytres se terminant par une pointe; corselet sans épines. — Ha-tien.

Genre? sp.? — Gris noir, avec trois petites taches claires à la base des élytres; corselet sans épine; antennes à onze articles à peu près égaux. — Ha-tien.

Genre? sp.? — Élytres d'un jaune d'ocre à trois larges bandes noires; antennes, tête, corselet, pattes d'un beau noir; corselet non épineux; abdomen dépassant les élytres; cuisses renflées, surtout les antérieures; antennes de dix articles. — Longicorne sentant délicieusement la rose et la menthe; plus grand que le *Polyzonus bi-*

cinctus. Vit sur une espèce de petite légumineuse. — Ha-tien.
— [M. L.] Nobis.

Genre ? sp. ? — Corselet rouge non épineux ; élytres vert noir ; corps
mince et svelte affectant un peu la forme d'un carré long ; antennes
noires ; yeux n'entourant pas la base des antennes. — Ha-tien. —
[M. L.] Nobis.

Genre ? sp. ? — Élytres noires pubescentes ; corselet sans épines ; abdomen noir pubescent ; pattes rouges à cuisse un peu renflée ;
antennes rouge pâle à dix anneaux sans épine et décroissant
régulièrement ; yeux très-volumineux, entourant la base des antennes. — Ha-tien.

Genre ? sp. ? — Région dorsale vert jaune, avec taches noires ; pattes
très-longues, les premières dépassent un peu les deux autres. —
Vole sur la lisière des bois le soir. — Ha-tien. —[M. L.] Nobis.

Genre ? sp. ? — Corps velouté et trapu, noir, gris et blanc. — Fait le
mort ; pris sur la vigne sauvage. — Ha-tien.

Genre ? sp. ? — Corps velouté ; élytres jaune rouge à taches noires ;
corselet épineux ; des dix articles des antennes, le premier est le
plus volumineux, il est noir, les autres sont teintés de noir et de
rouge. — Ha-tien, juin.

Genre ? sp. ? — Antennes noires, très-longues, le troisième article est
le plus petit et le dernier le plus long ; tous sont très-renflés à leur
extrémité, sauf le dernier ; dos noir, sauf les élytres, qui sont finement pubescentes et où brillent tour à tour des taches foncées et
des endroits d'un blanc clair presque argenté, suivant les incidences
de la lumière ; corselet non épineux ; les yeux entourent la base
des antennes. — Ha-tien, juin.

Genre ? sp. ? — Corselet épineux, fond chamois avec deux lignes noires ;
élytres fond rouge noir avec trois taches rondes d'un blanc jaune.
— Ha-tien, juin.

Genre ? sp. ? — Yeux réniformes et entourant la base des antennes ;
petit collier blanc ; corselet épineux ; deux taches semi-lunaires
jaunes rouges sur le corselet ; élytres noires avec deux taches
blanches ou quatre, et écusson blanc entre les élytres ; longueur
totale : quatre centimètres et demi. — Poulo-Condor, Tay-ninh.
— [M. L.] Nobis.

Genre ? sp. ? — Corselet non épineux, jaune clair avec deux taches

noires ; élytres chamois, un peu roux avec quatre bandes, alternativement noires et claires à l'extrémité des élytres ; deux taches
noires sur le front entre les deux yeux ; élytres terminées latéra-
lement par une petite pointe et dépassées par l'abdomen. — Ha-
tien, mai.

Genre? sp.? — Dos rouge foncé, avec trois épines de chaque côté du corselet ; trois côtes sur les élytres. — Voisin des Priones. — Tay-ninh.

CHRYSOMÉLIDES

Les *Sagra* les *Coptocycla* et les *Platycorynus* sont les genres
les plus caractéristiques de cette famille si riche en représentants,
qui émaillent de leurs couleurs métalliques les gramens de la
Cochinchine.

Sagra femorata (FAIRMAIRE). — Tay-ninh, Sai-gon. — [M. L.] NOBIS.

Sagra, nova sp. ? (FAIRMAIRE). — Tay-ninh. — [M, L.] NOBIS.

Sagra, sp. ? — Tay-ninh. — [M. L.] NOBIS.

Sagra, sp. ? — Tay-ninh. — [M. L.] NOBIS.

Coptocycla Sanctae Crucis (FAIRMAIRE). — Très-commun à Tay-ninh
en mai et juin. — Garde dans l'alcool sa belle couleur d'or, qui l'a
fait appeler par les Annamites Tortue d'or *(con rua vang)*, mais
la perd dès qu'elle est desséchée. — [M. L.] NOBIS.

Coptocycla circumdata (FAIRMAIRE). — Tay-ninh. — [M. L.] NOBIS.

Coptocycla, sp. ? — Tay-ninh. — [M. L.] NOBIS.

Coptocycla viginti-octo punctata. — Très-petite. — Tay-ninh. —
[M. L.] NOBIS.

Coptocycla, sp.? — Pas transparente. — Tay-ninh. — [M. L.] NOBIS.

Coptocycla, sp.? — Pas transparente. — Tay-ninh. — [M. L.] NOBIS.

Adorium Guerdinii (FAIRMAIRE). — Tay-ninh. — [M. L.] NOBIS.

Pidontia quatuordecimpunctata. — Commun. — Tay-ninh. —
[M. L.] NOBIS.

Pidontia, sp. ? — Tay-ninh. — [M. L.] NOBIS.

Rhaphadopalpa foveicollis (FAIRMAIRE). — Tay-ninh. — [M. L.]
NOBIS.

Aulacophora Dimidiata (DEJEAN). — Cochinchine.

Eumolpus, sp. ?

Eumolpus, sp. ?

Platycorynus cyaneus. — Chrysomèle bleu de Prusse. — Un des Coléoptères les plus communs. — Sai-gon, Ha-tien, Tay-ninh. — [M. L.] Nobis.

Platycorynus ? — A corselet rouge cuivreux et à élytres bleues. — Tay-ninh. — [M. L.] Nobis.

Platycorynus ? — A corselet bleu, à élytres cuivreuses à taches bleues. — Tay-ninh. — [M. L.] Nobis.

Trois autres espèces indéterminées.

TRIMÈRES

Coccinella repanda. — Tay-ninh. — [M. L.] Nobis.

Coccinella, sp. ? — Tay-ninh. — [M. L.] Nobis.

Coccinèlla, sp. ? — Tay-ninh. — [M. L.] Nobis.

Coccinella, sp. ? — Tay-ninh. — [M. L.] Nobis.

Checlomenes sex-maculata (Fairmaire). — Tay-ninh. — [M. L.] Nobis.

Epilachna viginti-octo-punctata (Fairmaire). — Indiquée de Java par Dejean. — Tay-ninh. — [M. L.] Nobis.

ORTHOPTÈRES

Forficula, sp. ? — Sai-gon. — [M. L.] Nobis.

Blatta orientalis. — Sai-gon. — [M. L.] Nobis.

Blatta sp. ? — Sai-gon. — [M. L.] Nobis.

Blatta sp. ? — Ha-tien. — [M. L.] Nobis.

Ranesthia, sp. ? — Tay-ninh. — [M. L.] Nobis.

Mantis fusca. — Tay-ninh. — [M. L.] Nobis.

    — *simulacrum ?* — Sai-gon. — [M. L.] Nobis.

Bacteria, sp. ? — Tay-ninh. — [M. L.] Nobis.

Necrosia. — Longueur : six centimètres. — Ha-tien, bord de la mer. — [M. L.] Nobis.

Necrosia, sp. ? — Odorante. — Prairies de Phu-quoc. — [M. L.] Nobis.

Grillotalpa, sp. ? — Plus petite que les européennes. — Tay-ninh, Sai-gon. — [M. L.] Nobis.

Gryllus elephas. — Sai-gon. — [M. L.] Nobis.

    — *fuliginosus.* — Tay-ninh. [M. L.] Nobis.

Conocephalus, sp. ? — Tay-ninh. — [M. L.] Nobis.

Acridium flavicorne. — Tay-ninh. — [M. L.] Nobis.
    — sp. ? — Tay-ninh. — [M. L.] Nobis.
    — sp. ? — Tay-ninh. — [M. L.] Nobis.
    — sp. ? — Tay-ninh. — [M. L.] Nobis.
Truxalis nasutus. — Sai-gon, Tay-ninh. — Prairies. — [M. L.] Nobis.
Genus ? sp. ? — Tay-ninh. — [M. L.] Nobis.

HÉMIPTÈRES

Les Hémiptères de Cochinchine sont excessivement nombreux en espèces et en individus, les Géocorises en particulier. Cette liste est très-incomplète et sera considérablement modifiée.

GÉOCORISES

Galostha eques. — Petite et belle espèce glacée. — [M. L.] Nobis.
Dalpada sp. *Cochinchinensis.* — Tay-ninh. — [M. L.] Nobis.
Halys, sp. ? — Tay-ninh. — [M. L.] Nobis.
Eurydema, sp. ? — Sai-gon. — [M. L.] Nobis.
    — sp. ? — Petite espèce. — Tay-ninh. — [M. L.] Nobis.
    — sp. ? — Tay-ninh. — [M. L.] Nobis.
Hypencha ? — Énorme. Rare. — Go-cong. — [M. L.] Nobis.
Cyclopelta obscura. — Espèce grise. — Sai-gon. — [M. L.] Nobis.
Tetroda histeroides. — Sai-gon. — M. L.] Nobis.
Megymenum dentatum. — Sai-gon. — [M. L.] Nobis.
Pachylis, sp. ?— Pattes armées et troisième article des antennes aplati.
    — Sai-gon. — [M. L.] Nobis.
Acanthocoris scabrator. — Grosses cuisses armées et antennes aux
    articles aplatis. Très-commun. — Sai-gon. — [M. L.] Nobis.
Mictis, sp. ? — Sai-gon. — [M. L] Nobis.
Lygaeus, sp.? — Écusson et élytres rouge très-clair, et chaque élytre
    avec un point noir. — [M. L.] Nobis.
Lygaeus, sp. ? — Écusson noir, élytres rouge chair avec deux points
    noirs. — Sai-gon. — [M. L.] Nobis.
Lygaeus, sp. ? — Sai-gon. — [M. L.] Nobis.
Odontopus sanguinoleus. — Sai-gon. — [M. L.] Nobis.

Harpactor, sp. ? — Sai-gon. — [M. L.] Nobis.
Yolimus, sp. ? — Sai-gon. — [M. L.] Nobis.
     —   sp. ? — Sai-gon. — [M. L.] Nobis.
Reduvius, sp. ? — Six espèces non déterminées. — Sai-gon. — [M. L.]
     Nobis.
Conorhinus, sp. ? — Sai-gon. — [M. L.] Nobis.
Canthesancus, sp. ? — Sai-gon. — [M. L.] Nobis.

HYDROCORISES

Belostoma Indicum. — Très-commune. — Les indigènes de la Cochin-
     chine les mangent frites dans la graisse, comme les indigènes des
     environs de Mexico mangent les œufs d'une espèce voisine. —
     Chau-doc, Sai-gon. — [M. L.] Nobis.
Nepa rubra. — Variété. — Sai-gon, Tay-ninh. — [M. L.] Nobis.
     —   sp. ? — Sai-gon, Tay-ninh. — [M. L.] Nobis.
Notonecta. — Sai-gon, Tay-ninh. — [M. L.] Nobis.

HOMOPTÈRES

Fulgura Lathburii, sp. ? — Montagne de Tay-ninh, tombeau de Ma-
     queou, Ha-tien. — [M. L.] Nobis.
Tetragona. — Ha-tien, Tay-ninh. — [M. L.] Nobis.
Centrotus anchorago. — Tay-ninh. — [M. L.] Nobis.
Cicada gigas. — Tay-ninh. [M. L.] Nobis.
     —   sp. ? — Tachetée de noir aux ailes et au flanc. — Ha-tien. —
     [M. L.] Nobis.
Cicada, sp. ? — A ailes transparentes. — Tay-ninh. — [M. L.] Nobis.
     Ces cigales sont les seuls insectes dont le chant se fasse entendre
     pendant le silence universel de la sieste.
Coccus lacca. — Cochenille de la laque. — Cambodge.

NÉVROPTÈRES

Très-nombreux en espèces et en individus. Pendant l'hivernage,
on voit même dans les rues de Sai-gon de petits nuages de Libellules.

Myrmileo. — Grand. Énorme fourmillon à grandes taches noires sur les ailes. — Tay-ninh, Ha-tien. — [M. L.] Nobis.

Myrmileo, sp.? — Petit. — Tay-ninh. — [M. L.] Nobis.

Ascalaphe, sp.? — Avec une tache noire à chaque aile. — Tay-ninh.

Ascalaphe, sp.? — Avec plusieurs petites taches noires à l'extrémité de chaque aile. — Tay-ninh.

Libellule, sp.? — Abdomen rouge à extrémité pâle. — Ha-tien.

Libellule, sp.? — Ailes fauves, avec une large tache jaune glacé à la bande de la seconde paire. — Ha-tien.

Libellule, sp.? — Chaque aile avec deux larges taches noires et une tache fauve glacé à la naissance des ailes. — Ha-tien.

Libellule, sp.? — Large tache jaune glacé au milieu de chaque aile. — Ha-tien.

Libellule, sp.? — Ailes sans taches. — Ha-tien.

Libellule, sp.? — Ailes pâles, sauf une tache à l'aile inférieure, à sa naissance. — Phu-quoc, lisières des bois, avril.

Libellule, sp.? — Bord supérieur de chaque aile présentant des points noirs ; tout le reste des ailes est moiré et comme chagriné et glacé. — Ha-tien ; mai.

Libellule, sp.? — Ailes fond clair et tache noire à leur naissance ; de plus, une petile tache blanc bleuâtre visible surtout par transparence entre la tache noire et l'extrémité libre des ailes. Petite espèce. — Ha-tien.

Libellule, sp.? — Ailes fond clair ; tache noire à l'extrémité de chaque aile et une autre fond noir un peu différente au milieu ; de plus, une bonne partie des ailes, à leur naissance, est jaune glacé. Petite espèce. — Ha-tien.

Libellule, sp.? — Corps rouge ; tache jaune près de l'extrémité de chaque aile. Grande espèce. — Ha-tien.

Libellule, sp.? — Ailes jaune pâle glacé, avec une légère tache noire près de l'extrémité de l'aile supérieure, et, à l'aile inférieure, trois taches à la naissance, alternativement noires, jaunes et noires, en allant de haut en bas. Grande espèce. — Ha-tien, Sai-gon.

Libellule, sp.? — Tay-ninh.

Termes, sp. — Grand nid de terre autour des arbres. — Toute la Cochinchine.

Termes, sp.?

HYMÉNOPTÈRES

Xylocopa lunulata. — Grand Xylocope. Vient surtout butiner dans les fleurs de la liane d'argent. — Sai-gon. — [M. L.] Nobis.

—   *aestuans.* — A dos jaune. — Se trouve partout dans la Cochinchine et commence déjà à se montrer à Singapoore. — [M. L.] Nobis.

Myrmica, sp. ? — Tay-ninh. — [M. L.] Nobis.

Formica smaragdina? — Grande. Jaune rouge ; très-colérique ; morsure douloureuse ; fait un nid dans les feuilles des arbres, qu'elle réunit au moyen d'une espèce de soie. Commence déjà à se montrer à Singapoore. — Par toute la Cochinchine. — [M. L.] Nobis.

Formica compressa. — Fourmi noire à grosse tête. — Toute la Cochinchine. — [M. L.] Nobis.

Formica, sp. ? — Fourmi rouge, très-petite, à morsure très-cuisante. — Toute la Cochinchine.

Vespa analis. — Toute la Cochinchine. — [M. L.] Nobis.

Vespa, sp. ? — Toute la Cochinchine. — [M. L.] Nobis.

Mellita, sp. — Très-petite taille. — Ha-tien.

Eumenes, sp. ? — Tay-ninh. — [M. L.] Nobis

Clorion azureum. — Tay-ninh. — [M. L.] Nobis.

Sphex, sp. ? — Tay-ninh, Sai-gon. — [M. L.] Nobis.

—   sp. ? — Tay-ninh, Sai-gon. — [M. L.] Nobis.

Scolia fugilinosa. — Tay-ninh, Sai-gon. — [M. L.] Nobis.

Chrysis, sp. ? — Sai-gon, Ha-tien. — [M. L.] Nobis.

Liste à compléter.

LÉPIDOPTÈRES

Cette liste, très-incomplète, des Lépidoptères de la Cochinchine, a été dressée en comparant les individus rapportés ou dessinés par moi avec les figures de P. Cramer, très-belles et très-fidèles malgré l'ancienneté de l'ouvrage.

Papilio Remus et Hippolytus? — Cr., pl. 11. — Loc...

Papilio Amphrisius et Minos. — CR., pl. 195, A. — Mi-tho.
- *Agenor* (FAB.). — CR., pl. 32. — Tay-ninh. — [M. L.] NOBIS.
- *Memnon.* — CR., pl. 91, C. — Sai-gon.
- *Androgeos.* — CR., pl. 91, A B. — Loc...
- *Protenor.* — CR., pl. 49, A B. — Bois de toute la Cochinchine. — [M. L] NOBIS.
- *Epius* (JON.), *Erithonius.* — CR., pl. 232, A B. — Sai-gon.
- *Leonidas* (JON.), *similis.* — CR., pl. 9. — Loc...
- *Eurypilus* (FAB.). — CR., pl. 132, B C. — Tay-ninh.
- *Sarpedon* (FAB.). — CR., pl. 122, D E. — Loc...
- *Deiphobus et Alcandor.* — CR., pl. 40 et 181, A B. — Toute la Cochinchine. — [M. L.] NOBIS.
- *Achates.* — CR., pl. 182, A B, et 243, A. — Cette splendide espèce, de couleur sombre, vole comme un oiseau. — Tay-ninh, Sai-gon. — [M. L.] NOBIS.
- *Severus?* — CR., pl. 277 et 278, A B. — Loc...
- *Hector.* — CR., pl. 141, A. — Loc...
- *Polites.* — CR., pl. 265, A B C. — Loc.
- *Polydorus.* — CR., pl. 128, A B. — Loc...
- *Pammon.* — CR., pl. 141, B. — Loc...

Colias pyranthë (Fab.), *Alcyone.* — CR., pl. 58, A B C. — Loc...
- *Evadne, Alcmeone.* — CR., pl. 141, E. — Toute la Cochinchine. — [M. L.] NOBIS.
- *Palœmo.* — CR., pl. 14, F G. — Toute la Cochinchine. — [M. L.] NOBIS.
- *Doris.* — CR., pl. 362, C. — Loc...

Pieris glaucippe.. — CR., pl. 164, A B C. — Toute la Cochinchine. — [M. L.] NOBIS.
- *Marianne.* — CR., pl. 217, C D D. — Toute la Cochinchine. — [M. L.] NOBIS.
- *Pyrene.* — CR., pl. 125, A B C. — Loc..
- *Ænippe.* — CR., pl. 105, 157, C D, et 229, B C. — Loc...
- *coronis.* — CR., pl. 44, B C. — Loc...
- *Hecabe.* — CR., pl. 124, B C. — Loc...
- *Monusta.* — CR., pl. 141, F. — Toute la Cochinchine. — [M. L.] NOBIS.
- *Paulina.* — CR., pl. 110, E F. — Loc...

Pieris Pasithoe, L. Porsenna. — Cr., pl. 43, D E, et 352, A B. — Loc...
  — *Hyparete, Autonoe.* — Cr., pl. 187, C D. — Toute la Cochin-
    chine.

Danais Prothoe, Midamus. — Cr., pl. 266, A B. — Loc...
  — *Midama, Mulciber.* — Cr., pl. 127, C D. — Ha-tien.—[M. L.]
    Nobis.
  — *Claudia, Basilissa?* — Cr., pl. 266, C. — Toute la Cochin-
    chine. — [M. L.] Nobis.
  — *Plexippe, genutia.* — Cr., pl. 206, C D. — Toute la Cochin-
    chine.
  — *Chrysippe.* — Cr., pl. 118, B C. — Ha-tien, Sai-gon. —[M. L.]
    Nobis.
  — *Melanippe.* — Cr., pl. 127, A B. — Toute la Cochinchine.
  — *Aventina.* — Cr., pl. 59, F. — Loc...
  — *limniace.* — Cr., pl. 59, D E. — Sai-gon.
  — *melaneus.* — Cr., pl. 30, D. — Ha-tien. — [M. L.] Nobis.
  — *juventa.* — Cr., pl. 118, B. — Loc...

Idea agelia. — Cr., pl. 193, A B, et 362, D. — Loc...

Cethosia Penthesilea. — Cr., pl. 145, B C. — Loc...

Argynne Erymanthis. — Cr., pl. 238, F G. — Loc...
  — *Phalanta, Columbina.* — Cr., pl. 238, A B, et 237, D E. —
    Loc...

Vanessa Lemonias, Aonis. — Cr., pl. 35, D E F. — Loc...
  — *Almana.* — Cr., pl. 58, F. G. — Loc...
  — *Iphita.* — Cr., pl. 209, C D. — Loc...
  — *Hedonia.* — Cr., pl. 69, C D. — Loc...
  — *Orithya.* — Cr., pl. 19, C D, et 32, E. P. — Lisière des bois,
    Ha-tien. — [M. L.] Nobis.
  — *Laomedia.* — Cr., pl. 8, F G. — Loc...

Biblis undularis. — Cr., pl. 256, A B. — Loc...

Nymphalis assimilis. — Cr., pl. 154, B. — Loc...
  — *Micippe L., Diocippus.* — Cr., pl. 28, B C. — Toute la
    Cochinchine.
  — *Lasinassa et Auge.* — Cr., pl. 190 et 205, A B. —Toute la
    Cochinchine.
  — *Aceris, Leucothoe.* — Cr., pl. 296, A B. — Toute la Co-
    chinchine. — [M. L.] Nobis.

8

Nymphalis Strophia, Sulpitia. — Cr., pl. 214, E F. — Sai-gon. — [M. L.] Nobis.
— *Helicopis, Heliodore.* — Cr., pl. 212, E F. — Loc...
— *Venilia.* — Cr., pl. 219, B C. — Toute la Cochinchine.
— *Columella.* — Cr., pl. 206, A B. — Loc...
Morpho Phidippus. — Cr., pl. 69, A B. — Ha-tien. — [M. L.] Nobis.
Satyrus Banksia, Ismene. — Cr., pl. 26, A B. — Loc...
— *Leda.* — Cr., pl. 196, C D, et 292, A. — Loc...
— *Mineus, Drusia.* — Cr., pl. 84, C D. — Loc...
Sphynx Atropos. — Espèce plus petite que l'européenne. — Tay-ninh. — [M. L.] Nobis.
— *celerio.* — Cr., pl. 125, E. — Loc...
— *lycetus.* — Cr., pl. 61, D. — Loc...
Zygoena Creusa. — Cr., al. 248. F. — Toute la Cochinchine.
Bombyx luna. — Cr., pl. 31, A B. — Loc...
— *Paphia.* — Cr., pl. 146, A. — Loc...
— *Strix.* — Cr., pl. 145, A. — Loc...
Phalaena retorta. — Cr., pl. 116, E F. — Loc...
— *crepuscularis.* — Cr., pl. 159-160, A. — Loc...
— *macrops.* — Cr., pl. 171, A B. — Loc...
— *cajeta.* — Cr., pl. 30, A B C. — Ha-tien. — [M. L.] Nobis.
— *brotea.* — Cr., pl. 322. E. — Loc...

DIPTÈRES

Cette liste est très-incomplète. Je n'ai rapporté que peu de Diptères.

Eurypalpus testaceus ? — Loc...
Lucilia brevigaster ? — Loc...
Ochromya jejuna. — Loc...
Idia metallica. — Loc...
Cyrtocera bicincta. — Loc...
Priomerus fasciatus. — Loc...
Temnocera violacea. — Loc...
Psilopus globifer. — Loc...
Rhaphidium dilatatum. — Loc..

Damilis planiceps. — Loc...
Eudmeta marginata. — Loc...
Ptilocera quadridentata. — Loc...
Plecia fulvicollis. — Loc...
Macropera gibbosa. — Loc...
Culex, sp. ? — Loc...
— sp. ? — Loc...
— sp. ? — Loc...

ARACHNIDES

ARANÉIDES

Mygale javanaise, *Mygale Javanensis.* — Loc... — Tay-ninh. — [M. L.] Nobis.
Lycose chercheuse, *Lycosa indigatrix.* — Loc...
Hersilie indienne, *Hersilia Indica.* — Loc...
Sphase indien, *Sphasus Indicus.* — Loc...
Atte de Diard, *Attus Diardi* (Diard). — Cochinchine.
Olios longipède, *Olios longipes.* — Loc...
Tégenaire australienne, *Tegenaria Australensis.* — Loc...
Épeire évidée, *Epeira alveata.* — Loc...
Épeire chrysogastre, *Epeira chrysogaster.* — Loc...
Épeire antipodienne, *Epeira antipodiana.* — Loc...
Épeire dorée, *Epeira inaurata.* — Loc...
Épeire émule, *Epeira aemula.* — Loc...
Épeire cylindroïde, *Epeira cylindroides* (Diard). — Cochinchine.
Épeire courbée, *Epeira sinuata.* — Loc...
Épeire de l'Opuntia, *Epeira Oppuntiae.* — Loc...
Plectane géminée, *Plectana geminata.* — Loc...
Plectane Hécate, *Plectana Hecata.* — Loc...
Plectane irradiée, *Plectana irradiata* (Diard). — Cochinchine.
Plectane massigère, *Plectana clavatrix.* — Loc...
Plectane lygéenne, *Plectana lygeana.* — Loc...
Plectane douteuse, *Plectana dubia.* — Loc...

SCORPIONS

Telyphone porte-queue, *Telyphonus caudatus.* — Tay-ninh, Ha-tien. —
[M. L.] Nobis.

Scorpion à bracelets, *Scorpio annulatus.* — Touranne, Cochinchine.

Scorpion noir, *Buthus Afer.* — Écorce des arbres et souches. — Très-
grande espèce dont la piqûre est cepenlant moins redoutée que
celle de la suivante. — Tay-ninh. — [M. L.] Nobis.

Scorpion jeune, *Scorpio,* sp. ? — Loc... — Tay-ninh, Sai-gon, etc. —
[M. L.] Nobis.

Atreus, sp. ? — Loc...

PHALANGIDES

Faucheur monacanthe, *Phalangium monacanthum.* — Loc...

ACARIDES

Ixode de Bibron, *Ixodes Bibroni?* — Sur les Varans et les Pythons. —
Cochinchine.

Ixode des bois, *Ixodes sylvaticus.* — Cochinchine.

MYRIAPODES

Cermatia, sp. ? — Tay-ninh.

Iulus flavipes. — Variété. — Animal très-commun en Cochinchine. —
Tay-ninh, Ha-tien, etc. — [M. L.] Nobis.

Iulus Eydouxii. — Touranne.

Scolopendra gigantea. — Animal très-commun par toute la Cochinchine, et à morsure redoutée.— Tay-ninh, Ha-tien, etc. — [M. L.]
Nobis.

Scolopendra morsitans. — Tay-ninh. — [M. L.] Nobis.

Scolopendra inermipes? — Variété. — Tay-ninh. — [M. L.] Nobis.

Scolopendra horridus? — Loc...

Scolopendra prasina? — Loc...

Spirocyclistus maximus. — Tay-ninh. — [M. L.] Nobis.

Spirocyclistus cylindricus? — Loc...

Sphaerotherium punctatum. — Sai-gon. — [M. L.] Nobis

CRUSTACÉS

Chorinus aries. — Loc...
Paramithrax, sp. ? — Loc...
Cancer integerrimus. — Loc...
    —   *ocyroe*. — Lóc...
    —   *mammillatus*. — Loc...
Scylla dentata. — Loc...
Xanthus scaber. — Loc...
Chlorodius exaratus. — Loc...
Trapezia dentifrons. — Loc...
Ozius frontalis. — Loc...
Portunus integerrifrons. — Loc...
Lupea pelagica. — Loc...
    —   *sanguinolenta*. — Ha-tien.
    —   *diacantha*. — Loc...
    —   *tranquebarica*. — Ha-tien.
    —   *gladiator*. — Loc...
Thalamita sima. — Loc...
    —   *natator*. — Loc...
Podophthalmus vigil. — Loc...
Parathelphusa Sinensis. — Côtes de Cochinchine.
    —   *Indica*. — Loc...
Ocypoda brevicornis. — Loc...
Gelasimus, sp. ? — Ha-tien.
Macrophthalmus transversalis. — Loc...
Sesarma tetragona. — Loc...
    —   *Indica*. — Loc...
Cyclograpsus punctatus? — Loc...
Grapsus strigosus. — Loc...
Nautilograpsus minutus. — Loc...
Varuna litterata. — Loc...
Matuta Victor. — Go-cong. — [M. L.] Nobis.
Leucosia craniolaris ? — Loc...
Dorippe quadridentata. — Loc...
Pagurus punctulatus. — Ha-tien.

Pagurus clibanarius. — Ha-tien.
— *gonagrus*. — Loc...
— *miles*. — Loc...
Cenobites rugosa. — Loc...
Porcellana pisum. — Loc...
Scyllarus rugosus. — Loc...
Thenus orientalis. — Loc...
Palinurus fasciatus. — Côtes de Cochinchine.
— *salcatus*. — Loc...
— *penicillatus*. — Loc...
— *dasypus*. — Loc...
Glaucothoa Peronii. — Loc...
Callianassa subterranea. — Côtes de Cochinchine. — [M. L.] Nobis.
Alpheus chiragricus? — Loc...
Hippolgte ventricosus. — Loc...
Palemon natator ? — Loc...
Leuciferus Reynaudii? — Loc...
Amphion Reynaudii ? — Loc...
Squillerichtys typus? — Loc...
Squilla maculata. — Ha-tien.
— *Scorpio*. — Loc...
— *microphthalmus ?* — Loc..
— *raphidea*. — Loc...
Gammarus, sp. ? — Ha-tien, Phu-quoc, etc.
Diara Gabertii. — Loc...
Limulus Moluccensis. — Très-commun. — Ha-tien. — [M. L.] Nobis.

CIRRHIPÈDES

Anatifa laevis. — Ha-tien. — [M. L.] Nobis.
Balanus tintinnabulum. — Ha-tien. — [M. L.] Nobis.
Balanus balanoides. — Ha-tien. — [M. L.] Nobis.

MOLLUSQUES

UNIVALVES

Octopus Indicus. — Loc...
Argonauta, sp.? — Loc...
Nautilus, sp.? — Loc...
Strombus latissimus. — Loc...
    —   *cristatus.* — Loc...
    —   *dilatatus.* — Loc...
    —   *plicatus.* — Loc...
    —   *epidromis.* — Loc...
    —   *scalariformis.* — Loc...
    —   *vittatus.* — Loc...
    —   *auris Dianae.* — Loc...
    —   *papilio.* — Loc...
    —   *gibberulus.* — Loc...
    —   *lichanus.* — Loc...
    —   *Canarium Link.* — Ha-tien. — [M. L.] Nobis.
Pterocera lambis. — Loc...
    —   *chiragra.* — Loc...
    —   *scorpis.* — Loc...
    —   *aurantius.* — Loc...
Rostellaria curvirostris. — Loc...
    —   *rectirostris.* — Loc...
    —   *Powisii.* — Loc.
    —   *crispata.* — Loc...
Murex tenuispina. — Loc...
    — *ternispina.* — Loc...
    — *crassispina.* — Loc...
    — sp.? — Ha-tien. — [M. L.] Nobis.
    — *haustellum.* — Loc...

Murex brevispina. — Loc...
  —   *elegans.* — Loc...
  —   *radix.* — Loc...
Ranella spinosa. — Loc...
  —   *Crumena.* — Loc...
  —   *Beckii.* — Loc...
  —   *granifera.* — Loc...
Triton variegatum. — Loc...
  —   *anus.* — Loc...
  —   *Tranquebaricum.* —Loc...
Turbinella napus. — Loc...
Scolymus cornigerus. — Ha-tien. — [M. L.] Nobis.
Cancellaria textilis. — Loc...
Fasciolaria filamentosa. — Loc...
Pyrula vespertilio. — Loc...
  —   *spirullus.* — Loc...
  —   *squammosa.* — Loc...
  —   *galeodes.* — Loc...
  —   *Dussumieri.* — Loc...
  —   *ficus.* — Loc...
Melongena, sp. — Ha-tien.
Fusus longissimus. — Loc...
  —   *tuba.* — Loc...
Buccinum Tranquebaricum. — Loc...
  —   *aurantiacum.* — Loc...
  —   *ornatum.* — Loc...
  —   *marginulatum.* — Lsc...
  —   *annularia.* — Loc...
  —   *clathratum.* — Loc...
Terebra maculata. — Loc...
  —   *dimidiata.* — Loc...
  —   *subulata.* — Loc...
  —   *flammea.* — Loc...
  —   *Dussumieri.* — Loc...
  —   *myuros.* — Loc...
Eburna areolata. — Loc...
Purpura sertum. — Loc...

Purpura armigera. — Loc...
—   *morus.* — Loc...
—   *violacea.* — Loc...
—   *Persica.* — Loc...
Monoceros striatum. — Loc...
Planaxis sulcatus. — Ha-tien. — [M. L.] NOBIS.
Cassis cornuta. — Loc...
—   *rufa.* — Loc...
—   *areola.* — Loc...
—   *glauca.* — Loc...
Dolium perdix. — Loc...
—   *maculatum.* — Loc.
Harpa ventricosa. — Loc...
Columbella fulgurans. — Loc...
—   *pardulina.* — Loc...
Oliva gibbosa. — Loc...
—   *tigrina.* — Loc...
—   *inflata.* — Ha-tien. — [M. L.] NOBIS.
Conus arenosus. — Loc...
—   *nocturnus.* — Loc...
—   *imperialis.* — Loc...
—   *baleatus.* — Loc...
—   *Orbignyi.* — Loc...
—   *fustigatus.* — Loc...
—   *miliaris.* — Loc...
—   *musicus.* — Loc...
—   *Siamensis.* — Loc...
—   *figulinus.* — Loc...
—   *glaucus.* — Loc...
—   *concolor.* — Loc...
—   *amiralis.* — Loc...
—   *Sinensis.* — Loc...
—   *tœniatus.* — Loc...
—   *voluminalis.* — Loc...
—   *puncticulatus.* — Loc...
—   *Timorensis.* — Loc...
—   *Cecilei.* — Loc...

Conus dux. — Loc...
— *praefectus.* — Loc...
— *terebra.* — Loc...
— *insculptus.* — Loc..
— *auratus.* — Loc...
— *aureus.* — Loc...
— *obscurus.* — Loc...
Pleurotoma Babylonica. — Loc...
Voluta melo Indicus. — Ha-tien. — [M. L.] Nobis.
— *armata.* — Loc...
— *vespertilio.* — Loc...
Mitra episcopalis. — Loc...
— *flammea.* — Loc...
— *Chinensis.* — Loc...
— *regina.* — Loc...
— *harpæformis.* — Loc...
— *microzonia.* — Loc...
Marginella elegans. — Loc...
Cypraea Arabica. — Poulo-Condor. — [M. L.] Nobis.
— *vitellus.* — Poulo-Condor. — [M. L.] Nobis.
— *lynx.* — Poulo-Condor. — [M. L.] Nobis.
— *miliaris.* — Poulo-Condor. — [M. L.] Nobis.
— *helvola.* — Poulo-Condor. — [M. L.] Nobis.
— *erosa.* — Poulo-Condor. — [M. L.] Nobis.
— *caurica.* — Coquille tête de mort des Annamites. — Poulo-
Condor. — [M. L.] Nobis.
— *adusta.* — Poulo-Condor. — [M. L.] Nobis.
— *moneta.* — Poulo-Condor. — [M. L.] Nobis
Natica glaucina. — Poulo-Condor. — [M. L.] Nobis.
— *millepunctata.* — Loc...
— *albumen.* — Poulo-Condor. — [M. L.] Nobis.
— *Marochiensis?* — Poulo-Condor. — [M. L.] Nobis.
— *collaris?* — Poulo-Condor. — [M. L.] Nobis.
Cerithium obtusum. — Poulo-Condor. — [M. L.] Nobis.
— *nodulosum.* — Loc...
— *obeliscum.* — Loc...
— *vertagus.* — Loc...

Cerithium procerum. — Loc...

   —   *telescopium.* — Loc...

   —   *fluviatile.* — Loc...

Aporrhais Pespelicani. — Loc...

Turritella terebra. — Poulo-Condor. — [M. L.] Nobis.

Solarium perspectivum. — Poulo-Condor. — [M. L.] Nobis.

Paludina leucythoides. — Tay-ninh. — [M. L.] Nobis.

   —   *achatina.* — Tay-ninh. — [M. L.] Nobis.

   —   sp. ? — Petite. — Tay-ninh. — [M. L.] Nobis.

Ampullaria poluta. — Tay-ninh. — [M. L.] Nobis.

   —   *virens.* — Tay-ninh. — [M. L.] Nobis.

Nerita costata. — Tay-ninh. [M. L.] Nobis.

   —   sp. ? — Tay-ninh. — [M. L.] Nobis.

   —   *lineata.* — Tay-ninh. — [M. L.] Nobis.

   —   *undata.* — Tay-ninh. — [M. L.] Nobis.

   —   *albicilla.* — Tay-ninh. — [M. L.] Nobis.

Neritina fluviatilis. — Tay-ninh. — [M. L.] Nobis.

Turbo radiatus. — Phu-quoc. — [M. L.] Nobis.

Trochus, sp. ? — Phu-quoc. — [M. L.] Nobis.

Monodonta labio. — Phu-quoc. — [M. L.] Nobis.

Haliotis tuberculata ? — Phu-quoc. — [M. L.] Nobis.

Calyptraea lignaria. — Phu-quoc. — [M. L.] Nobis.

Crepidula ? — Phu-quoc. — [M. L.] Nobis.

Patella ? — Phu-quoc. — [M. L.] Nobis.

   —   *zonaria.* — Loc...

   —   *Merguiensis.* — Loc...

Chiton ? — Phu-quoc.

Helix tourannensis. — Loc...

   —   *Cochinchinensis.* — Tay-ninh. — [M. L.] Nobis.

   —   *ovum.* — Tay-ninh. — [M. L.] Nobis.

   —   *distincta.* — Tay-ninh. — [M. L.] Nobis.

   —   *Wienkauffiana.* — Tay-ninh. — [M. L.] Nobis.

   —   *crossei.* — Tay-ninh. — [M. L.] Nobis.

   —   *Benoiti.* — Tay-ninh. — [M. L.] Nobis.

Streptaxis Petiti. — Birmanie.

   —   *alurata.* — Cochinchine.

Vitrina Cochinchinensis. — Loc...

Bulimus sultanus. — Tay-ninh. — [M. L.] Nobis.
— *perversus.* — Tay-ninh. — [M. L.] Nobis.
Vaginulus, sp. ? — Loc...
Lymnaea auricularia ? — Tay-ninh. — [M. L.] Nobis.
Auricula midae. — Tay-ninh. — [M. L.] Nobis.
— ? — Tay-ninh. — [M. L.] Nobis.
Cyclostoma ? — Tay-ninh. — [M. L.] Nobis.
Cyclophorus volvulus. — Montagne de Tay-ninh. — [M. L.] Nobis.
Opistophorus Cochinchinensis. — Montagne de Tay-ninh. — [M. L.] Nobis.

BIVALVES

Ostrea, sp. ? — Ha-tien. [M. L.] Nobis.
— *folium.* — Toute la côte de la Cochinchine. — [M. L.] Nobis.
— *cucullata.* — Toute la côte de la Cochinchine. — [M. L.] Nobis.
Placuna sella. — Cho-len.
Pecten. — Ha-tien.
Avicula. — Loc...
Meleagrina margaritifera. — Loc...
Malleaus vulgaris. — Ha-tien. — [M. L.] Nobis.
Pinna ? — Ha-tien. — [M. L.] Nobis.
Mytilus latus. — Ha-tien. — [M. L.] Nobis.
— sp. ? — Ha-tien. — [M. L.] Nobis.
Arca ? — Ha-tien. — [M. L.] Nobis.
— ? — Ha-tien. — [M. L.] Nobis.
— *granosa.* — Ha-tien. — [M. L.] Nobis.
Cucullea ? — Ha-tien. — [M. L.] Nobis.
Petunculus pectiniformis. — Ha-tien. — [M. L.] Nobis.
— *violaceus.* — Ha-tien. — [M. L.] Nobis.
Unio ? — Tay-ninh. — [M. L.] Nobis.
Metaptera delphinus. — Cambodge.
Chama ? — Phu-quoc. — [M. L.] Nobis.
Tridacna gigas. — Poulo-Condor.
Cardium edulis. — Poulo-Condor. — [M. L.] Nobis.

Hemicardium unedo. — Poulo-Condor. — [M. L.] Nobis.
Lucina tigerina. — Loc...
— *punctata.* — Loc...
— *dentata.* — Loc...
Acropagya. — Ha-tien. — [M. L.] Nobis.
Cyrena Ceylonica. — Ha-tien. [M. L.] Nobis.
Circe ? — Ha-tien. — [M. L.] Nobis.
Cardilia semisulcata. — Loc...
Venus Malabarica. — Loc...
— *virginea.* — Loc...
— *rugosa.* — Loc...
Cytherea Chione. — Ha-tien. — [M. L.] Nobis.
— *castanea.* — Ha-tien. — [M. L.] Nobis.
— *citrina.* — Loc...
Cyclina Chinensis. — Loc...
Tellina radiata. — Loc...
— *?* — Ha-tien. — [M. L.] Nobis.
Capsa deflorata. — Loc...
Donax scortum. — Loc...
— *ringens.* Loc...
— *?* — Ha-tien. — [M. L.] Nobis.
Solen legumen. — Ha-tien. — [M. L.] Nobis.
Anatina candida. — Loc...
— *subrostrata.* — Loc...
Aspergillum Javanicum. — Loc .
Septaria arenaria. — Loc...
Pholas ornata. — Ha-tien. — [M. L.] Nobis.
— *orientalis.* — Ha-tien. — [M. L.] Nobis.

ANNÉLIDES ERRANTES

Polynoe Indica. — Loc...
— *Peronea.* — Loc...
Iphione cimex. — Loc...
Eunicea gigantea. — Loc...
Chloe flava. — Loc...

Amphinoma Indica. — Loc...
Nereis Quoyii. — Loc...
    —   *heterocheta.* — Loc...
Glycera lancadiva. — Loc...
Arenicola., — Loc...
Pallasia bicornis. — Loc...
Spirographis tricyclia. — Loc...
Sabella Indica. — Loc...
Sipunculus edulis. — Loc...
    —   *loricatus.* — Loc...

HELMINTHES

Très-nombreux chez les Reptiles. — Cette liste est incomplète.

Taenia solium. — Vient du porc. — Ha-tien, toute la Cochinchine.
Taenia mediocanellata. — Ha-tien.
Taenia du Python réticulé. — Tay-ninh. — [M. L.] Nobis.
Taenia de l'*Hydrosaurus salvator.* — Tay-ninh. — [M. L.] Nobis.
Ascaris lumbricoides. — Toute la Cochinchine, surtout chez les indi-
    gènes.
Ascaris du Python réticulé. — Tay-ninh. — [M. L.] Nobis.
Ascaris de l'*Hypsirhina Bocourti.* — Tay-ninh. — [M. L.] Nobis.
Ascaris de l'*Hypsirhina enhydris.* — Tay-ninh. — [M. L.] Nobis.
Ascaris du *Bungarus annularis.* — Tay-ninh.

ZOOPHITES

Comatula solaris. — Loc...
Comaster, sp.? — Loc...
Ophiocoma erinaceus. — Loc..

Ophiomastyx angulosa, — Loc...
Culcitta pentagularis. — Loc...
Oreaster orientalis. — Loc...
Archaster. — Loc...
Cidaris bispinosa ? — Loc...
Echinometra lucunter. — Loc...
Strongylocentrotus tuberculatus. — Loc...
Salmacis rarispinus. — Siam.
    — *Dussumieri.* — Siam.
Toxopneustes ? — Loc...
Brissopsis luzonica. — Siam.
Schizaster ventricosus. — Siam.
Metalia sternalis. — Siam.
Holothuria tubulosa. — Loc...
    — *edulis* ou Trépang. — Côtes, surtout de l'île de Phu-quoc.
Psolus, sp.? — Loc...
Bucephalus Reynaudi. — Loc...
Eucharis novemcostata. — Loc...
Idya Peronii? — Loc...
Eurybia exigua. — Loc...
Euquorea globulosa. — Loc...
Geryonia tetraphyllia. — Loc...
Salamis toreumata. — Loc...
Pelagia, sp.? — Loc...
Rhizostoma Dubreuilii. — Loc...
Diphya angustata. — Loc...
Salpa? sp.? — Loc...
Cucubalus cordiformis. — Loc...
Plethosoma cristalloides. — Loc...
Sarcoconus heptacanthus. — Loc...
Agalma pontocardia. — Loc...
Physalia, sp.? — Loc...
Vellela Indica. — Loc...
Alcyonum, sp.? — Loc...
Saccophyton lobbatum. — Loc...
Tubipora musica. — Loc...
Plexaura. — Loc...

Leptogorgia sosappo. — Loc...
Pterogorgia suberosa. — Loc...
Rhipidigorgia reticulum. — Loc...
Isis hippuris. — Loc...
Virgularia juncea. — Loc...
Lituaria phalloides. — Loc...
Anemonia, sp.? — Loc...
Palythoa viridis. — Loc...
Antipathes myriophilla. — Loc...
Rhipidipathes flabellum. — Loc...
Bathycyathus Indicus. — Ha-tien. — [M. L.] Nobis.
Flabellium spheniscus. — Loc...
Rhizotrochus typus. — Loc...
Oculina virginea. — Loc...
Axhelia myriaster. — Loc...
Stylophora Danai. — Loc...
Plerogyra laxa. — Loc...
Galaxea Ellisi. — Loc...
Mussa Eydouxi. — Loc...
Symphillia grandis. — Loc...
Meandrina filograna. — Loc...
Caeloria labyrinthiformis. — Ha-tien. — [M. L.] Nobis.
Favia affinis. — Loc...
Plesiastraea versipora. — Loc ..
Astrea radians. — Loc...
Prionastrea, sp.? — Ha-tien. — [M. L.] Nobis.
Echinopora hirsutissima. — Loc...
Fungia patella. — Loc...
Lophoseris cristata. — Loc...
Dendrophyllia scabrosa. — Loc...
Caenopsammia coccinea. — Loc...
Madrepora secunda. — Loc...
    —   *nobilis.* — Loc...
    —   *acervata.* — Loc...
    —   *appersa.* — Loc...
Turbinaria mesenterina. — Ha-tien. — [M. L.] Nobis.
Montipora tortuosa. — Loc...

Montipora hispida. — Loc...
   —   *expansa*. — Loc...
Pocilopora acuta. — Ha-tien. — [M. L.] Nobis.
   —   *damicornis*. — Loc...
Seriatopora elegans. — Loc...
Spongia, sp. ?

FIN

LYON. — IMPRIMERIE PITRAT AINÉ, RUE GENTIL, 4